An Hölderlin

Zeitgenössische Gedichte

Herausgegeben von
Hiltrud Gnüg

Philipp Reclam jun. Stuttgart

Umschlagabbildung: Friedrich Hölderlin. 1786.
Anonyme Bleistiftzeichnung, getönt.

Universal-Bibliothek Nr. 8886
Alle Rechte vorbehalten
© 1993 Philipp Reclam jun. GmbH & Co., Stuttgart
Copyrightvermerke für die Texte siehe Seite 101 ff.
Satz: Wilhelm Röck, Weinsberg
Druck und Bindung: Reclam, Ditzingen. Printed in Germany 1993
RECLAM und UNIVERSAL-BIBLIOTHEK sind eingetragene Warenzeichen der
Philipp Reclam jun. GmbH & Co., Stuttgart
ISBN 3-15-008886-0

Inhalt

I

*geh aber nun und grüße
die schöne Garonne*

II

*möchte von mir schütteln,
was mein Jahrhundert mir gab*

III

*Leicht und kräftig die Brücke,
die von Wagen und Menschen tönt*

IV

oft zürnt ich weinend

V

Wo nehm ich, wenn
Es Winter ist, die Blumen

VI

Sei du, Gesang, mein freundlich Asyl

Anhang

I

geh aber nun und grüße
die schöne Garonne

GÜNTER EICH

Latrine

Über stinkendem Graben,
Papier voll Blut und Urin,
umschwirrt von funkelnden Fliegen,
hocke ich in den Knien,

den Blick auf bewaldete Ufer,
Gärten, gestrandetes Boot.
In den Schlamm der Verwesung
klatscht der versteinte Kot.

Irr mir im Ohre schallen
Verse von Hölderlin.
In schneeiger Reinheit spiegeln
Wolken sich im Urin.

»Geh aber nun und grüße
die schöne Garonne —«
Unter den schwankenden Füßen
schwimmen die Wolken davon.

Andenken an Hölderlin

Einmal ein Land,
gestorbenes Blut, die Felder
der Bretagne. Auf einen Stein
gelehnt, die ruhlose Stimme
hören der Dämmerung.
Oder den Baum aus Vogelgeschrei
auf dem Meer.

Einmal, die Oka hinab
und die Wolga, das Herz der Flüsse
weiß in der frühen Nacht,
Kljasma und Nerlj. Der Ufersturz von Wladimir
unter dem alten Gold
der Mauern und Türme. Im Wind.

Dort ein Mädchen,
das nach den Tieren blickt.
Eine Mütze über der Hecke.
Dort der junge Fischer.
Das treibende Boot. An dem Torbau
die Greisin zuletzt.

Leicht ist der Vogel den Lüften,
noch seine Angst
hält ihn im Licht.
Wir reden mit halber Stimme:
Geh und grüße
die schöne Garonne.

ERICH ARENDT

Odysseus Heimkehr

Hinfällige Stunde
und
das Gedächtnis des Todes
groß!

Muschelleere des
Himmels: Herz, mein
Narbenbau!

        des Todes
        und legtest legst
        zu überleben, die
        nach Sterblichem sucht,
        heimwärts stehendem Mond,
        die Stirn
        an den bleibenden Fels
        mit dem Gedächtnis
        wie Er.

Unrast, hohlgehendes
Irren, Blick
ohne Vergessen! Iris,
Wundhaut, sie läßt
nicht vom Aug: dem Erinnerten, Mund,
rückwärts sämtlicher
Glanz der Verblichenen ...
Blick, der läßt, der
verrät

Hinter dem Firmament
schweigen die Tage an
und ständig
den Traum
ertragen, der
ins Gesicht sich blickt,
erstarrend.

Todstreifenden Segels,
dennoch
entkommen! Flut,
die nicht trägt, die
trägt und verwirft!

Und dann
die Abendspreu, wenn
überm Randlosen, weit,
ein Schmerz hinabwill
zu allem Vergessen: So
ausgehöhlt der Mut! Und
Nikes Antlitz, am Bug, nicht
träumend mehr
ein Sieg, nackt. Im Wind
kein Wort, das tönt
aus den Tagen.

Übermaß Zeit! welcher
Himmel nicht
ward begraben! Und
das Rauschen der Schilde? –
schwarz, wie Todnacht, jedes
Troja umsonst. Ach,
wie es würgt, der Erdklumpen
Bitternis, Freund: Wem

trauen in dieser Nacht
aus Gehöhl und Gier?
Wem
den Schlaf anvertraun –
staubreif? – Zertritt die
sich windende Spur, die
den Tod schnürt
eines Mannes: Zweifel-und-
Zweifel.

Fliehen? Wohin! – Sei
wie das Wasser –
sterblos. Oder
ein Stein auf Lemnos
zu sein, erdgerecht, der
hinabsinkt, unmerklich,
und taub –
Wind,
der manchmal noch kommt
schwer auf Schultern, und
dein Segel, der
weiße Traum, starr. Endlich,
was ging was kam (abgekehrt
der letzten, dir
verwehrten Blüte) tot. Kein
Blitz, der ausgräbt

Kirke doch! Kirke
Einziger, todlos
tödlicher Kuß, da,
das Aug der Apfel
aus Dunkel und träumender
Haut! Schlange am Tagfels
die Toten bewachend, sich

häutend, goldener Zunge, in
deiner Hand, und Wolke
und Baum mir im Spiegel
des Bluts: Unschuld
des Tiers! ... letztes
Vergessen o Nie-
vergessen!

                      Hör, windverworfen,
                      geburtenleer
                      die einsame Trift! Größres
                      wollten die Meere. Nicht
                      das Dach, die Fahne Rauch

    überm Herzen, eine
    Schwertspitze Rost, verblätternd
    Ruhm. Du aber, Hundsgebell
    in den Ohren, ließest,
    die mit der Tiere
    Verenden spielte, und
    eine Welle des Vorjahrs, fremd
    war sie.

Windleere meines,
ach, ihres
Herzens! Wo?

                      Hier,
                      unterm Ausgeträumt
                      des Himmels, der
                      die Masten schweigend dir
                      zerbricht, dein Segel,
                      Scheiternder,
                      setz
                      schwarz.

PETER HÄRTLING

Nürtingen, Marktstraße, Hölderlin und Bordeaux

Was ist das
für eine Stadt gewesen,
Bordeaux?
Nicht die dem Konsul
und
uns bekannte.
Ein Fieberherd,
eine Gedächtnislücke
oder der Beginn einer Fluchtspur.
Nun,
auf der Marktstraße,
wo die Stimmen vertrauter sind,
fallen die Bilder –
das sich verabschiedende
Gesicht im Fenster,
das verschneite Gebirg
und vielleicht doch Paris –
zurück
in einen einzigen Atemzug,
der ihm, dem allzu
Ungeduldigen,
ein restliches Leben erlaubt.

WOLF BIERMANN

Hölderlin in Bordeaux

So ging das damals: Schwarze nach Amerika. Von dort dann Rohstoffe nach Europa. Von dort dann Industrietinnef nach Afrika. Wie der Dichter sagt: Und kehre, woher ich kam. Ein lohnendes Dreiecksgeschäft. Aber seit der Sklavenhandel ruiniert ist, lange her, mickert das blühende Bordeaux vor sich hin, eine behauste Ruine, die es nicht wahrhaben will. Eisig saute ein Novemberregen von See in das Hafenviertel. Im schmuddeligen Licht einer Straßenlaterne am Platz de la Bourse trat ein gebeugtes Männel auf mich zu, ein spitznasiger Mensch im abgetragenen, aber gepflegten Tuchmantel. Herzlich willkommen in Bordeaux, herzlich, lieber Herr, und ich werde Ihnen etwas zur Kenntnis bringen, was Sie nicht freuen kann, aber wohl doch von Interesse ist. – Und wer sind Sie, Monsieur? Sie sprechen so gut Deutsch. – Ich bin ja deutsch, und beim deutschen Generalkonsul hier Sekretär. Ein Broterwerb. Aber wer lebt schon vom Eigentlichen. Und so mußte ich einen Brief erledigen, den der Generalkonsul an den Herrn Bundesaußenminister in Bonn persönlich mir in die Feder diktierte. Und darum ja behellige ich Sie, von Ihnen war in dem Brief die Rede und in einer Art, die mir ein Greuel sein muß. Meines Brotgebers eigentlich vorgesetzte Dienststelle ist die Botschaft in Paris. Aber unser Konsul wandte sich direkt nach Bonn, weil er den Herren in Paris nicht traut. Der Inhalt seines Briefes war denn auch so schäbig, daß er durchaus Grund zu fürchten hatte, daß man seine Dummheiten zu den übrigen ablegen würde. Unser Herr

General glaubte, seine Obrigkeit in Deutschland warnen
zu müssen, ja, vor Ihnen, lieber Herr, vor der vergiften-
den Wirkung Ihrer Konzerte hier in Frankreich. Ihre
Auftritte würden dem Ansehn und den Interessen der
Bundesrepublik in Frankreich eher schaden. Und beson-
ders warnte er davor, Sie in Toulouse auftreten zu lassen,
eine Stadt, wie man weiß, in der nicht wenige spanische
Kommunisten seit dem Ende des Bürgerkriegs im Exil
leben, ein Nest linksextremer Terroristen, die sich ge-
fährlich leicht an jedem Funken entzünden. – So jeden-
falls hieß der Konsul mich schreiben, und es sei bezeichnend, daß Sie sich auch schon in der DDR mit zersetzen-
den Liedern, ja mit destruktiver Mäkelei in einen frucht-
losen Dauerstreit mit der östlichen Regierung und im übrigen zugleich loyal eingelassen hätten. Kurz, es sei im
Interesse Deutschlands geboten, Ihre Umtriebe in
Frankreich nicht etwa noch gutgläubig zu begünstigen.
Aus Gründen der Hygiene des Charakters sage ich Ihnen
all dies weiter, mehr um meinetwillen. Freilich war ich
nur der fest gemietete Schreiber dieses elenden Briefes,
und so hat diese Eselei am Ende so wenig mit mir zu
schaffen wie ich mit dem Konsul – aber eben doch auch
ebensoviel. Und so möchte ich Sie sogleich um Nach-
sicht bitten für etwas, was eigentlich Schuld nicht ge-
nannt werden darf.

Aber ich sorgte mich auch um Sie, lieber Herr. Ich kenne
wohl Ihr Lied, in dem es heißt: In diesem Lande leben
wir wie Fremdlinge im eigenen Haus ... Ja, und voller
Lieb und Hoffnung wachsen seine Musenjünglinge dem
Deutschen Volk heran – du siehst sie sieben Jahre später,
und sie wandeln wie die Schatten, sind wie ein Feld, das
der Feind mit Salz besäte, daß es nimmer einen Grashalm
treibt. Und wehe dem, der sie versteht, der in der stür-

menden Titanenkraft wie in den Proteuskünsten den Verzweiflungskampf nur sieht, den ihr gestörter schöner Geist mit den Barbaren kämpft, mit denen ers zu tun hat.

– Hölderlin! rief ich, Lieber! Verehrter! Sie sind es, ich erkenne Sie! Und in Bordeaux! Wann war das? 1803 oder 4 oder 5, kurz vor Ihrem furchtbaren Sturz ... Sie sind also damals nicht zurückgekehrt nach Deutschland ... und waren gar nicht dieser arme Holder, der Kranke im Kopf, nicht dieser Unterthänigst Scardanelli beim Tischler in Tübingen überm Neckar im Turm?

Hölderlin! Und Sie sinds wirklich! Und wie viele Ihrer unsterblichen Verse sage ich mir immer und immer her: Hochauf – nicht war? – hochauf strebte mein Geist – neue Zeile – aber die Liebe zog schön ihn nieder// das Leid beugt ihn gewaltiger, so – neue Zeile – durchlauf ich des Lebens – neue Zeile – Bogen und kehre, woher ich kam ...

Ja ja, sagte der Mensch, das wird einem zugerechnet. Und dieser alberne Brief, lieber Meister, sagte ich, könnten Sie mir nicht eine Kopie davon zuspielen? Es wäre immerhin ein anschauliches Dokument von den Barbaren, mit denen unsereins zu tun hat. Und der STERN in Hamburg würde das drucken, mit Wonne sogar!

Traurigkalt traf mich da sein Blick, dann schlug der Meister den Mantelkragen hoch und halb im Gehen sagte er: Monsieur, Sie wären also bereit, um eines billigen Aufsehens willen sich immer mal wieder ins Gerede der Welt zu bringen, mich aber stießen Sie damit in den Ruin der Arbeitslosigkeit. Denn wer anders als ich könnte der schäbige Lieferant dieses schäbigen Briefes gewesen sein. Ich sehe, Monsieur, Sie haben den Westen schrecklich schnell gelernt.

Halb war es Scham, was mich so stumm machte – und was sonst, wie soll ich das wissen? Auch hatte der Sekretär sich längst gegen den Regen gebeugt und war schon verschluckt von der Nacht.

REINHARD PRIESSNITZ

in stanzen

des innren lebens wunderliches pflanzen,
des äussren lebens widerliches tönen,
es öffnet schliesslich sich dem schleissig ganzen
als saure sterne am vermeintlich schönen,
mit essig und mit öl garniert zu stanzen,
beginnt es wirklich nerven zu durchföhnen.
wenn es, unwissentlich, aus seinen chören
das weitre immer wörtlich meint zu hören:

nämlich das wissen, dass, mit dichten stiften,
was dichter stiften, stifter dichten: nervung;
das windig wirkliche in allen schriften,
gestanzt von den instanzen der verwerfung
(es droht, ins tanzen fallend, abzudriften
und glaubt, ins fallen tanzend, als verschärfung
des äussren wissenskurses fortzusteuern
und somit wieder innres zu durchsäuern),

so äussert es das äussre, fehlberaten,
von wieder wunderlichen nerven, bildern
in widerlichen wundern, sternen, saaten,
um alles weitre wissentliche zu vermildern
und zwar in immer gleichen schriftsalaten,
um so sich selbst da draussen hinzuschildern
und wirkliches von wörtlichem zu lösen,
als das vermeintlich innre am nervösen.

ELISABETH BORCHERS

Tübingen

Einmal stand ich dort unten
Hoch oben der Turm
Und legte die Hände
Flach aufs Gestein.

Erzähl, was du weißt
Jetzt kannst du's doch sagen
Selig treibst du im Frühlicht
Wenn's dunkelt bei mir.

Sag mir keiner, du wärst schon entrückt
Hinaus aus den Höhen in höhere noch
Mit hellem Gefieder
Ich hör den Nordost.

Er ist's, der die Bäume zusammentreibt
Zu Wäldern, die Hänge der Berge hinauf
Bishin wo die Kälte beginnt
Ja, er.

Und wenn die Vögel schwärmen
Rafft er sie dahin, jagt sie gen Süden
Wie damals die Schiffe.

Doch nicht auf der schönen Garonne
Das weiß ich gewiß
Unter den Stürmen
war er ihm der liebste.

Und ich höre vom Mord
Die Tat, die die Liebe begeht
Fast hätt ich das Zeichen
vergessen.

Nichtsahnend gehst du darauf zu
Als wäre das Dunkel erleuchtet.

II

möchte von mir schütteln,
was mein Jahrhundert mir gab

Hölderlin

Aufgenommen in die verfestigten Wolken
der Heiligen, unauflöslich auflösbar
im Mantel der Worte!
An seinem Saum kniet selbst der Schalk ehrfürchtig,
der Heiligstes nicht verschont, und am weichen
                                    Stoßhorn der Kappe
hängt die Schelle tief in den Abgrund,
stumm wie ein goldner Fisch im blauen Ozean.
Auf dem Frankfurter Töpfermarkt klirren die Scherben
und kreischen die Weiber, durch die der Domestik
Hölderlin geht, zurücklassend die göttliche Susette
in den Armen des Bankiers. – Oh, die Schelle
Tills verstummt in der Tiefe ...
Und der mit Hegel stritt und in Schillers Schädel
sein Blut goß wie in die Schale des Grals,
zieht in Blitzen und Donnern,
sich mit Adlern vermengend und Wasserstürzen,
über den Ländern her und hin, fern der Geliebten,
und kann nicht zwischen Wolken und Felsen entscheiden,
nicht zwischen Weichsein und Ohrfeigen,
die Napoleon an die Fürsten austeilt,
nicht zwischen dem Räuber der Helena
und den Liebenden, die ihre Sehnsucht verweinen.
Doch da bietet er an sein ehernes Stirnbein
provenzalischer Feuerwolke,
und verbrennend lehrt er uns,
wie Felsen zu flüchtigen Wolken
und flüchtige Wolken zu ehernen Bergen werden.

An Hölderlin

Durch den Blutregen kommst du
mit Haut und Haaren
und einem Mund voller Oden
durch Galgenwälder
dem Windwasser folgend
auf den Spuren
eines flüchtigen Traums –:

Mach Kleinholz
aus deinem Drachenschiff, o Bellarmin!

Mit Fundevogels Federn
und den Scherben des Glasbergs
beladen mit Füllhörnern
und Wünschelruten
gehst du und klopfst
den Himmel ab
nach dem verschütteten Meer.

ERNST MEISTER

Neulich in Tübingen

Der Turm da
in T.

»Gönnen
mir Herr Bibliothekar
eine Zeile
von eigener Hand.«

Doch er kam
nicht vorbei,
an keinem in T.

Daß mir doch selber
die Zeit vergeh.

GODEHARD SCHRAMM

Schwarzwälder Skizzen

1

Ich fahre durch Wälder, ein Stadtbewohner,
und warte auf Lücken zwischen Bäumen: Berge,
ziemlich groß, beruhigender als graue Felsen, und
                                         Bäche,
in denen die Forellen noch nicht vergiftet sind. Da
sollte man wirklich einmal aussteigen, den Motor
                                         abstellen,
hinunterschauen und die Weite, wie sollte man's anders?,
wenigstens einatmen: sie geht in kein Foto hinein. Da
möchte ich einmal wohnen, um das riechen zu können:
damit der Kaffee nicht nach Kellner stinkt,
der Kirschenschnaps noch Arbeitspause meint,
wenn jemand mit der Motorsäge Bäume fällt –
aber es wird nicht gehen.
Wer hier schon immer wohnt, Souvenirs verkauft
oder in feinmechanischen Betrieben arbeitet, der
sieht natürlich nicht mehr, daß das Grün der Wiesen
mit dem der Wälder kokettiert. Mißmutig
vom Gemisch der Städte, erschreckt
von Irrfahrten in Frankfurt, glaube ich: hier
paßt ja noch alles zusammen –
sehr einsam stehn die Höfe an den Hängen,
ihr abgeschrägtes schwarzes Schindeldach fängt den
                                         Regen ab;
Entfernung, früher zwischen ihnen, ist längst wett-
                                         gemacht;
doch bleibt, was fern ist, immer noch den Köpfen fern;

was mit der Zeit geht, paßt sich an.
In Sankt Georgen, grau im grünen Tal und klotzig aus
                              Beton,
steht, ohne Fenster, die Fabrik.
Daß sie häßlich ist, weiß eigentlich jeder –
aber die Selbstverständlichkeit, mit der
Arbeiter hineingehen, ihren Lebensunterhalt zu
                              verdienen?
Doch die Fichten sind das Anschauen wert,
grad gewachsen, ganzjahrsgrün, ein Wald
als Promenade und vom Kahlschlag halb verschont.
Es ist schwierig, die Spur zu halten,
wenn ich in die Risse der Rinde pisse –
wie könnte ich sonst den Bäumen meine Zuneigung
                              zeigen?

                              2

In Dolden hängt das orangene Rot der Vogelbeerbäume,
dunkler noch glühen die reifenden Preiselbeeren,
Menstruation heißt hier »die Sach«.

3 *Hier spricht Hölderlin*

»So kam ich unter die Deutschen«, schrieb Hyperion
an Bellarmin, und ein Gedicht heißt »Blödigkeit« –
ein Teil von denen lebt noch,
unter einer Regierung, gewählt
nach jenem Prinzip, das in Frage zu stellen, heute
dem früheren Hochverrat gleichkommt.
Nun gut – man weiß jetzt mehr als Hölderlin:
»Durch Fleiß und Wissenschaft
und selbst durch Religion barbarischer geworden«,

nannte Hölderlin seine Deutschen;
sind sie, in die Schwemme der Informationen getrieben,
klüger geworden?
Je mehr sich in bestimmten Fragen unsere Zeitungen
                                heute
einer einzigen Meinung nähern, werden sie nicht
wieder barbarischer?
Könnte nicht, wenn die Stabilität
absichtlich aus dem Gleichgewicht gebracht wird,
die Hysterie wiederkommen,
und wieder hätten wir das Nachsehen
und unsere Kunst allein als Alibi?
»Wenn selbst die Raupe sich beflügelt
und die Biene schwärmt,
so bleibt der Deutsche doch in seinem Fach
und kümmert sich nicht viel ums Wetter.«
Das, Hölderlin, kommt mir bekannt vor,
und ich hab Angst vor dieser erzogenen Dummheit,
wie sie verblödet um Monatslöhne schuften, unfähig,
die Drecksarbeit zu ändern,
den Streik wie Gnadenbrot
aus der Gewerkschaft Hände fressen,
die Augen schon gewöhnt an Zweiprogrammigkeit
und stur wie Ochsen den Gewinn abzählen,
feig seh ich sie Karriere machen,
mit ihren Frauen schlafen sie wie Buntfilmtiere.
Gewiß: Ausnahmen kenne auch ich.
Wer sagt da: die Verhältnisse!?
Mein lieber Marxist, schieb nicht alles auf sie!
Denn Sündenböcke suchen
war auch für Marx nicht Analyse.
Deine Ungeduld
– man habe die Welt schon genug interpretiert,

nun seis an der Zeit zu verändern –
vergißt, daß auch das ein wenig Methode braucht.
Ist deine Angst
die Angst vor diesem wunden Wendepunkt,
an dem die Muskeln der Geduld so schmerzen
und jeder Schritt
das Bleigewicht der Ungeduld
von seinen Füßen reißen will?

4

Im Garten des Gastgebers wächst eine gelbe Blume,
die ich noch nirgends sah.
Unter rotem Holunder hängt Ingrid Kinderwäsche auf.
Ich sehe ihr zu und andere Frauen fallen mir ein.
Die haben natürlich auch ihre täglichen Sorgen
und werden damit fertig: sie kennen ihre Grenzen.
Greift einmal in der Kleinstadt eine Frau
nach dem unehelichen Glied eines sympathischen
                              Mannes,
vertauschen die Zuschauer Zuneigung mit Besitz.
In ihrem Mund amüsiert sie das witzige Wort ficken
und vögeln klingt hell wie das Zwitschern.
Aber zwischen Witz und Machen surrt ein Stacheldraht.
Nur betrunken drücken sie ein Auge zu.
Am Vormittag, der Nebel hängt noch in den Fichten,
wachen sie auf und flüchten,
als wäre der scharfe Hund des Alltags aufgewacht.
Nüchtern schicken sie ihre Träume in den Keller
und mit einer ganz natürlichen Krümmung
nehmen sie ihre Arbeit wieder auf.
Später sagen wir: das war eine Erfahrung wert.

Ich schnalze meine Kugel in die Glücksmaschine,
der Flipper, dessen Loch ich stopfe, zählt für mich
mein Zahlenglück, bis ich ein Freispiel habe
und nach einem Zufallsflirt der Kasten doch gewinnt.
Ich laß das Bier, und seit ich
nur noch teuren Wein trinke, hält der Kopf mehr aus,
und allen Spielregeln zum Trotz verliebe ich mich
in den Herbst.
Die Luft erscheint mir durchlässiger,
sie spiegelt mir die greifbar nahen Berge vor.
Am späten Nachmittag beginnt sich die Farbe zu lichten
und ich sehe Windungen von Wegen, ein blauer Streifen
macht sich lustig über meine Wünsche.
Die Zöllner sehen schärfer hin, was ich
so lachend über ihre Grenze trage: es ist,
und ihre Unterkiefer klappen stummfilmstarr herab,
nur ein Vogelbeerbaum, dessen Rot
alle Schlagzeilen verscheucht.
In seinen Kapseln wölben sich die Platzpatronen,
der Zünder liegt auf meiner Zunge,
ich bräuchte nur brutal zu sein, verbündet
mit der Lust, das Ding zu nehmen und so lässig
zwischen meine Finger quetschen – das Ding,
das mich so schlaflos macht, das Ding, von dem ich
                              träume.
Dann schlagen sie's mir aus der Hand und sagen:
»alles nur Gewohnheit!« und deuten auf den Montag,
ihren Montag: dick aufgetragen
das nacherzählte Wochenend;
schnell wie Arbeit geht es von der Hand und leer.
Fast schon verzweifelt deute ich

auf meinen vermeintlich zollfreien Baum:
Haben die Kugeln nicht Ähnlichkeit
mit den Spitzen voller Brüste?
Doch in ihren Heften unter Werkbank und Schalter
kommen solche Frauen nicht vor. Kopfschüttelnd
reißen sie mir meine Zweige ab, als hätte ich gesagt:
Ihr lebt ja ohne Luft.
Ich erinnere mich an eine Straße im April in Bremen.
Es muß Sonntag gewesen sein.
Durch Schaufenster, auf regennassen Asphalt gespiegelt,
gingen Leute. Die Straße war also belebt.
Es war sehr trostlos.
Vielleicht liegt es an den nach hinten
gestaffelten Hängen, über die sich Wälder ziehen,
daß es hier nicht mehr geht:
eine Landschaft ohne Menschen zu sehen.
Als stellte sich der Sonntag quer vor alle leeren Tage,
so schamlos still ist es hier oben.
Ich sehe Frauen, von ihren Kindern ausgezehrt
und in Wirtschaften verlangen sie schreiend nach Ruhe.
Ich sehe einen Baum, an dem
verschrumpfte Kirschen reifen,
aus denen dann der Kirschschnaps wird.
Schon stelle ich mir den Herbst vor
und suche nach jener Zeile von Verlaine,
mit der die BBC den ungeduldig Wartenden
1944 die Invasion ankündigte –
plötzlich wurde ein Gedicht aufgewertet
zu Hoffnung.

      Ich gehe, wie ich niemals ging –
ist das so schwer zu wünschen?

      Ich löste mich vom Allgemeinen,
      wo ich doch nie zu Hause war –

ist das so schwer zu träumen?

    Ich redete nicht mehr mit Hinterlist –
ist das so schwer sich vorzustellen?
Verstehst du nicht?

    Es fiel der Zwang von meiner Sprache
      wie ein Fallbeil fällt
      und mit dem messerscharfen Schnitt
      zertrennte es die Trennung ...
Da kommt jemand ins Wirtshaus
                    und will Most,
ein anderer trinkt Bier,
              im Hintergrund die Sportschau.
Da erfindet jemand
        die Geschichte von jemand,
der sein Leben nicht mehr mit abgestandenen schalen
                       Fotos
unterkellert,
      sondern einfach einen Krug nimmt und eingießt.
Wir setzen uns zu ihm und trinken mit,
                  er packt die Karten aus:
Du gibst!
    Er sagt:
          Ich bin dabei gewesen,
          als das Haus verbrannte,
          als sie das Präsidentenauto stahlen,
          als sich der Zug in einer Kurve überschlug,
          ich hab den Mann gesehen,
          der die Bestechung nahm,
          ich war dort, als sie den Mann erschlugen,
          und hab mir meinen Teil gedacht.
Da stand ich auf, erschrocken, sah,
wie jemand hinter mir die Tür ins Schloß warf,

und ich war allein.

Erst dann habe ich deine Angst gewittert,
weil meine Sprache mehr Wörter hat als deine,
und diese Angst saß sehr fest in dir,
ließ sich nicht ausreißen,
und ich war wütend, weil es nicht ging.

Erst dann habe ich nach Freunden gesucht
und gesagt:

Kommt, sprechen wir jetzt vom Glück,
ohne Angst vor unserer Unzulänglichkeit.
Sprechen wir ruhig vom Glück, dieser Symbiose
aus Gewalt und Leidenschaft, ohne Zwang
zur Rechtfertigung!
Ich führe Euch in ein Stück Wald
und das Schild VORSICHT WILDTOLLWUT
GEFÄHRDETER BEZIRK soll uns nicht schrecken!
Ich zeig euch voll in der Sonne
meinen Vogelbeerbaum.
Wir stellen uns unter ihn, legen uns ins Gras
und sehen das gedämpfte Rot der Dolden.
Dahinter nur noch Landschaft.
Dieses gleichmäßige Rot aller Früchte
bis in die letzte verkrüppelte Beere am Strauch,
wie es um sich greift, ansteckt, zusammenhängt;
ganz groß blüht der Baum, fast ein Schabernack,
ein sanftes Rot und für den Rückfall stark.
So wie der Baum zu seiner Farbe steht,
so steh auch zu der Eifersucht,
und werd nicht blind von ihrer Säure.
Tritt auf die Tellermine meiner Lust,
sie muß dich nicht zerreißen,
wenn ich mit fremden Brüsten spiele,

die auch in deiner Hand nicht schrumpfen würden –
und laß uns nicht die Tage zählen, solang das Rot
des Vogelbeerbaums noch prall ist –
ich würde sehr traurig sein,
wenn du nicht einen Zweig von ihm abreißen würdest.

WOLF BIERMANN

Das Hölderlin-Lied

»So kam ich unter die Deutschen«

In diesem Lande leben wir
wie Fremdlinge im eigenen Haus
 Die eigne Sprache, wie sie uns
 entgegenschlägt, verstehn wir nicht
 noch verstehen, was wir sagen
 die unsre Sprache sprechen
In diesem Lande leben wir wie Fremdlinge

In diesem Lande leben wir
wie Fremdlinge im eigenen Haus
 Durch die zugenagelten Fenster dringt nichts
 nicht wie gut das ist, wenn draußen regnet
 noch des Windes übertriebene Nachricht
 vom Sturm
In diesem Lande leben wir wie Fremdlinge

In diesem Lande leben wir
wie Fremdlinge im eigenen Haus
 Ausgebrannt sind die Öfen der Revolution
 früherer Feuer Asche liegt uns auf den Lippen
 kälter, immer kältre Kälten sinken in uns
Über uns ist hereingebrochen
    solcher Friede!
    solcher Friede
Solcher Friede.

Hölderlin – ohne Feiertag

Als ich dich las, *hoher Dichter,*
Kam dein Gesang hochgestimmt
Über die Grenze: Es streiten
Sich deine Propheten
Zu beiden Seiten des Rheins
Und der Elbe. Dein Wahnsinn
Wird ihnen jetzt, da die Welt
Schizophrener Gesinnung verpflichtet,
Zum Dolch, nicht
Zum Gesang. Wozu denn singen?
Der Zirkel, den du
Um dich schlugst, war deine Waffe,
Singend und klagend.
Ach, ich denk an Diotima:
Die zementene Landschaft, Frankfurt, noch immer
Sinds die Gontards, die
Verfluchten Bastarde, die
Ihre Namen gewechselt,
Ob sie die Banken
Besitzen oder auch nicht: ihre Ärsche
Thronen noch immer
Über den Gütern der Welt.
Und die Dichter
Schweigen und reden, mein Friedrich.
Was ist ein Zitat,
Wo der aufgedrieselte Strick
Nicht mehr hilft? Das Klavier
Ist verstimmt; Eure Heiligkeit haben

Die Stimme erhoben, wieviele Jahr?
So flüchtig gehn wir dahin,
Mit Magengeschwüren
Und Depressionen,
Die wir mit Lithium bekämpfen, und
Unserem waffenlosen Gedenken
An dich, *hoher Dichter.*

III

Leicht und kräftig die Brücke,
die von Wagen und Menschen tönt

JOHANNES BOBROWSKI

Stromgedicht

Traum,
jählings,
aus Feuern der Habichtsnacht,
Tieraug,
Blitz unter reglosem Lid
vor, Pfeilbündel Schilf,
wo der Otter, ein Herzsprung,
taucht.

Vor den Aufschein,
die weiße
Mauer aus Licht,
vor den steigenden
Horizont, von Geschrei überglänzt,
von der Tiefe erhoben,
über die Finsternis,
dem ruhlosen Tierherz,
Fraß und Brut,

tritt der Strom,
er kommt
waffenlos, ein anderer
Held, der schlang seine Kindheit
ein, es ist der Wald nun
die Speise und folgt ihm

an den Berg,
an die Schwärze auf

– der Kalmus im Schwerttanz
glänzt vor dem Tag –,
in das Dunkel der Brüche

bis an das Dunstland: Inseln,
schwebend, Morast, gestürzte
Tore, eingesunkene
Bögen, Fahnen aus Vogelgeripp
und Tang –
auf dem Schlick
stirbt er, auf den Watten
noch Spur seines Atems, Möwen
decken sie zu.

Traum,
mit des Habichts Schrei
endend, dem Rauschen,
hoch,
Zeichen an bläulicher Wand,
gekratzt in den Mörtel
mit dem Nagelrand, Bild,
Abbild,
sarmatisch,

lange
folg ich dir,
Strom,
an Rändern der Wälder,
ermattend
leicht, im alten
Zinn ein Geräusch.

Die Friedensfeier

Zuerst werden wir uns blütenweiße Hemden kaufen
Dann lassen wir uns drei Tage lang vollaufen

Wenn wir wieder nüchtern und kalt abgeduscht sind
Machen wir unseren Frauen jeder ein Kind

Dann starrn wir rauchend den sternvollen Himmel an.
Morgens dann, viertel nach vier, geht der run

Auf Schneidbrenner los, die begehrten Artikel
Einen davon nimmt Mickel.

Dann verteilen wir uns über Luft, Land und Meer
Und machen uns über das Kriegsgerät her

Und alles hackt und schneidet, zerrt, reißt, schweißt
Spuckt an, pißt dran, sitzt oben drauf und scheißt

Und schmeißt mit Steinen, sprengt mit
    Sprengstoff weg:
Das ist des Sprengstoffs *höchsterrungner* Zweck!

In Geschützrohre bohren wir kleine Löcher hinein
Dort ziehen dann Spechte und Stare ein

Wers kann, kann auf ausgeblasnen Raketen
Wie auf Taminos Zauberflöte flöten

Mit U-Booten fangen wir Haie und andere Fische
Die Frauen decken die Generalstabstische

An Schlagbäumen werden Ochsen und Hammel
                                        gebraten
Von nackten Männern, die waren Soldaten

Und besser als die Uniformen können
Wärmt sie das Feuer, drin die Uniformen brennen.

Rot glühn die Martinöfen auf, in ihren Bäuchen
Vergehn, entstehen Welten! Wie wir keuchen

Vor Wollust, wenn wir sehen: hart wird weich
Und wenn sichs wieder härtet, wird zugleich

Das Krumme grad. Wir waren krumm und dumm!
Wir schleppen Schrott, wir schmieden, pflügen um:

Wenn wir dann die müd-müden Rücken recken
Durchstoßen die Köpfe die Zimmerdecken

Nur in den Nächten jahrein, jahraus
Wir träumen uns ins Mauseloch als Maus.

VOLKER BRAUN

Prag

Goldene Stadt
Die wir uns versprachen, mit offenen
Häusern, die auf die Straßen gehn
Bunt bemalt, von Brücken verspannt
Die tönenden Ufer
Wo die Schiffe trieben aus feinem
Papier, beschrieben
Mit Fantasien:

Durchdröhnt
Aber von schwarzen Panzern
Wo wir lagen, plötzlich die Luft riß ab
Vor dem Mund. Eisenketten knirschend
Über die Galerien. Die Eingebornen wie
Wachsfiguren, blicken
Aus der Wäsche, bleich, auf
Bajonette –

Böhmen
Am Meer
Von Blut?

So liegt die Stadt
Sicher, darnieder, gerettet
Womöglich, vor sich und der herstürzenden
Flut
In ihren offnen Schleusen. Sicher
Geschützt und beschattet

Unter der Hand. Ungefragt verhört
Unerhört befragt
Nach ihrem Sinn.

Wie aber soll sie
Singen, in ihren Märkten
Welcher Laut? Die leisen Frauen
Wen nähren die Brüste noch: freie Knechte
Oder Freie? Die Männer, was handeln sie nun
An den versteinten Ufern
Wenn in dem erblaßten Fluß
Der Fisch schreit

Nein nein nein nein nein nein nein
Ja ja ja ja ja ja ja

Bin ichs, der schreit?
So nah steht
Sie bei den Klippen. Immer das Krachen
Neben der Sonne. Die Gischt hell
Und der brennende Jüngling. Hart und süß
Die Wiesen der Moldau. Da lag ich
Überrollt und blühend
Aus meinem Mund.

(Freunde, die ihr mit mir lebt, redet, freßt –
Menschen seh ich, keine Handwerker –
Fahrt aus aus den Rissen der Zeit
Stellt eure Netze quer
In den Strom. Lernt die Kniffe
Den Wind zu schlagen, den besseren Fisch
Den Fisch, der singt!)

ROSE AUSLÄNDER

Tübingen

In der beschützten Stadt
giebelrotes Gassengebirge
jahrhundertedicht

Wahn
vom Neckar
getauft

Hügelgefährten
Hölderlin-treu

Unter schmächtigem Stein
der Staub
atmet

MARGARETE HANNSMANN

Brot und Wein 1983

In Arkadien
abseits
der Allerweltsstraßen
fanden wir
ein paar Bäume zur Rast

Wir hatten Wasser
im kühlhaltenden Styroporkanister
Oliven und Käse

Kein Dorf ringsum
das Haus versteckt
im Dickicht nahmen wir nicht wahr

Als wir lagerten
trat die Frau durch die Hecken
nicht jung nicht alt
im einen Arm
den Laib Brot
im anderen die Flasche Wein

Legte die Hand aufs Herz
und war verschwunden
bevor wir begriffen
es ist ihr Boden

Ich drückte das heiße
Brot an die Wange

Wir kauten wortlos
füllten den Becher

IV

oft zürnt ich weinend

PETER RÜHMKORF

Variation auf »Gesang des Deutschen«
von Friedrich Hölderlin

Wie der Phönix aus den Scherben, oh Vaterland,
Edelstahl platzt in den Nähten, Fette erholt,
Farben bei lebhaftem Angebot Aufgalopp, Kursgewinn,
Hanomag, hundertprozentige Rheinstahltochter ...

also erhobest du dich, verlorengegebener
gräulich geviertelter Aar, doch bald auf der Höhe schon
deines alten Gewichts, und, ei, den Tauben gleich
an Kropf und Krallen!
Du Land, chromblinzelnd, wo man die Meinung
                                        verzieht
bei stillem Anteil, bin ich der deine schon?
Sieh, auch ich bin fix in der Lüge,
freundlich blinket mein Damaszenergebiß.

Wenn ich mich auf meine Feinde besinne,
morgens, wenn mir der rote Kamm unterm Hut
                                        schwillt ...
leicht von den Knöcheln gebrochen, wächst ihr schon
neuer Vorrat, der morchelhäuptigen Hyder.

Wer wollte da? an welchem Fels? wozu?
mit was? dem Adler trotzen, dem längst überfütterten?
der von des Himmels Kaltschale nippt,
dein nicht zu achten und Helden-Unschlitt.

Oh Freund, vor kein Schafott bestellt, in Frieden,
wer bläst sich da auf und wie ohne Zweifel?!

Zück deine Hauer, alteingesessen, da bleibet ein
abgestochener Brei auf der Walstatt.

Kennst du Minervens Kinder? Was kümmert sie
des wüsten Donnerers, des sie nicht achten, Gebell?
Schickt, schickt ihn nur ins Glück, da wird
keiner über die eigenen Zähne straucheln.

Das geht in Größe glatt, das ist wie über Nacht
ins Licht gefordert und vor die Sterne geschleift,
jeder zu allem aufgerufen, man teilet
dir vom Schmer des Säkels und heißt dich verdauen.

Nimm nun dein Pfund auf dich und wuchere,
ehe der schlechtere Mann das Licht absahnt –
unter die Gauner erhoben, sollst du
deinen Hintern zum Fluge lüften.

Gegrüßt in deinem Glanze, mein Vaterland!
Mit neuen Namen lockst du, mit Blust und Bluff,
wenn das entbundene Fett als Flamme
mächtig über die eigenen Ufer lodert.

Noch schwillst du an von unterdrücktem Krieg,
sinnest ein neu Gebild, das von dir zeuge,
das, einzig wie du selbst, das aus
Stroh geschaffen, goldene Körner treibt.

Wo sind nun Dichter, die ein neu Gemythe
auftuen diesem blauen Schlaraffenblick?
Tausendgut – Güldenfett – Rosenschleck –
Eselein deck dich, Deutschland, käufliche Mutter.

Also: aus voller Brust geklampft, aus vollem Magen
das Lied, aus überfließendem Munde gespendet:
Schmierig währt am längsten, wer wollte da
mürrisch gegen die Seligen vorgehn?!

Die in der Sonnenlache, die im Gewinnbereich
ihren Jubel aus eigener Tasche bestreiten;
und – die Hand an der Börse – schwört es
sein gestrichen Maß Glück und Persönlichkeit.

Gebt also, gebt ihn endlich, gebt den Himmel frei,
und scheltet nicht, nein, besser, preiset ihn, den
                                wohlgelenken,
den Mann, der nach Sintflut und -feuer
wieder den Wanst in die Waage hievte.

Der was die ALTEN sungen, der Dichter spann,
wirklich erfährt, das prästabilierte Behagen:
Nun: Blüten angelandet! nun: Sternenstreusel! und
mit dem Sänger geteilt auf Kippe und Schweigen.

Auf Kippe und Gedeih, daß nie und keiner
die Kreise jemals störe, Wanderer, kommst du nach
Deutschland, sage du habest uns hier
unterliegen sehen, wie es der Vorteil empfahl.

landessprache

was habe ich hier verloren,
in diesem land,
dahin mich gebracht haben meine älteren
durch arglosigkeit?
eingeboren, doch ungetrost,
abwesend bin ich hier,
ansässig im gemütlichen elend,
in der netten, zufriedenen grube.

was habe ich hier? und was habe ich hier zu suchen,
in dieser schlachtschüssel, diesem schlaraffenland,
wo es aufwärts geht, aber nicht vorwärts,
wo der überdruß ins bestickte hungertuch beißt,
wo in den delikateßgeschäften die armut, kreidebleich,
mit erstickter stimme aus dem schlagrahm röchelt und
                                  ruft:
es geht aufwärts!
wo eine gewinnspanne weit von den armen reichen die
                                reichen armen
vor begeisterung ihre kinostühle zerschmettern,
da geht es aufwärts von fall zu fall,
wo die zahlungsbilanz hosianna und alles was recht ist
                                singt
und ruft: das ist nicht genug,
daß da die freizeit spurt und gas gibt und hinhaut,
das ist das kleinere übel, das ist nur die hälfte,
das macht nichts, das ist nicht genug,
daß die tarifpartner durch die straßen irren

und mit geballten fäusten frohlocken
und singen und sagen:

hier geht es aufwärts,
hier ist gut sein,
wo es rückwärts aufwärts geht,
hier schießt der leitende herr den leitenden herrn mit
                                    dem gesangbuch ab,
hier führen die leichtbeschädigten mit den schwer-
                                    beschädigten krieg,
hier heißt es unerbittlich nett zueinander sein,

und das ist das kleinere übel,
das wundert mich nicht,
das nehmen die käufer in kauf,
hier, wo eine hand die andere kauft,
hand aufs herz, hier sind wir zuhaus,

hier laßt uns hütten bauen,
auf diesem arischen schrotthaufen,
auf diesem krächzenden parkplatz,
wo aus den ruinen ruinen sprossen,
nagelneu, ruinen auf vorrat, auf raten,
auf abruf, auf widerruf:

hiersein ist herrlich,
wo dem verbrauchten verbraucher,
und das ist das kleinere übel,
die haare ausfallen,
wo er sein erfolgreiches haupt verhüllt
mit wellpappe und cellophan
wo er abwesend aus der grube ruft:
hier laßt uns hütten bauen,

in dieser mördergrube,
wo der kalender sich selber abreißt vor ohnmacht und
hast,
wo die vergangenheit in den müllschluckern schwelt
und die zukunft mit falschen zähnen knirscht,
das kommt davon, daß es aufwärts geht,
da tun wir fleckenwasser drauf,
das ist hier so üblich, das wundert mich nicht,

goldrichtig liegen wir hier,
wo das positive zum höchstkurs notiert,
die handelskammern decken sich damit ein
und bahren es auf unter panzerglas,

wo wir uns finden wohl unter blinden,
in den schau-, kauf- und zeughäusern,
und das ist nicht alles, das ist nur die hälfte,
das ist die tiefgefrorene wildnis,
das ist die erfolgreiche raserei, das tanzt
im notdürftigen nerz, auf zerbrochenen knien,
im ewigen frühling der amnesie,

das ist ein anderes land als andere länder,
das reut mich, und daß es mich reut,
das ist das kleinere übel, denn das ist wahr,
was seine opfer, ganz gewöhnliche tote leute,
aus der erde rufen, etwas laut- und erfolgloses,
das an das schalldichte pflaster dringt
von unten, und es beschlägt, daß es dunkel wird,
fleckig, naß, bis eine lache,
eine ganz gewöhnliche lache es überschwemmt,

und den butzemann überschwemmt,
das löweneckerchen, das allerleirauh,

und die schöne rapunzel, die sind nicht mehr hier,
und es gibt keine städte mehr, und keine fische,
die sind erstickt in dieser lache,

wie meine brüder, die tadel- und hilflosen pendler,
wie sie mich reuen, die frommen gerichtsvollzieher,
die gasmänner, wie sie waten zuhauf,
mit ihren plombierzangen, wie sie stapfen,
in ihren abwesenden stiefeln, durchs bodenlose,
die gloriole vorschriftsmäßig tief im genick:

ja wären's leute wie andere leute,
wär es ein ganz gewöhnliches, ein andres
als dieses nacht- und nebelland,
von abwesenden überfüllt,

die wer sie sind nicht wissen noch wissen wollen,
die in dieses land geraten sind
auf der flucht vor diesem land
und werden flüchtig sein bis zur grube:

wärs anders, wär ihm zu helfen,
wäre rat und genugtuung hier,
wär es nicht dieses brache, mundtote feindesland!

was habe ich hier verloren, was suche ich
und stochre in diesem unzuständigen knäuel
von nahkampfspangen, genußscheinen,
gamsbärten, schlußverkäufen, und finde nichts
als chronische, chronologisch geordnete turnhallen
und sachbearbeiter für die menschlichkeit
in den kasernen für die kasernen für die kasernen:

was soll ich hier? und was soll ich sagen?
in welcher sprache? und wem?
da tut mir die wahl weh wie ein messerstich,
das reut mich, das ist das kleinere übel,
das schreit und so weiter
mit kleinen schreien zum himmel
und gibt sich für größer aus als es ist,
aber es ist nicht ganz,
es ist nur die himmelschreiende hälfte,
es ist noch nicht genug:

denn dieses land, vor hunger rasend,
zerrauft sich sorgfältig mit eigenen händen,
dieses land ist von sich selber geschieden,
ein aufgetrenntes, inwendig geschiedenes herz,
unsinnig tickend, eine bombe aus fleisch,
eine nasse, abwesende wunde:

deutschland, mein land, unheilig herz der völker,
ziemlich verrufen, von fall zu fall,
unter allen gewöhnlichen leuten:

meine zwei länder und ich, wir sind geschiedene leute,
und doch bin ich inständig hier,
in asche und sack, und frage mich:
was habe ich hier verloren?

das habe ich hier verloren,
was auf meiner zunge schwebt,
etwas andres, das ganze,
das furchtlos scherzt mit der ganzen welt
und nicht in dieser lache ertrinkt,

verloren an dieses fremde, geschiedne geröchel,
das gepreßte geröchel im »neuen deutschland«,
das frankfurter allgemeine geröchel
(und das ist das kleinere übel),
ein mundtotes würgen, das nichts von sich weiß,

von dem ich nichts wissen will, musterland,
mördergrube, in die ich herzlich geworfen bin
bei halbwegs lebendigem leib,
da bleibe ich jetzt,
ich hadere aber ich weiche nicht,
da bleibe ich eine zeitlang,
bis ich von hinnen fahre zu den anderen leuten,
und ruhe aus, in einem ganz gewöhnlichen land,
hier nicht,
nicht hier.

HANNS CIBULKA

Hyperion 1943

1

Ich kam dir entgegen
an der Mauer von Syrakus,
fliehendes Vaterland.

Segesta
habe ich vom Kübelwagen
aus gesehn,
Fallschirmseide
lag auf den Feldern.

Nebelpatronen
jagten wir hinauf
in das antike Blau.

In den Dörfern
landete die Nacht,
Leuchtspur im Nacken.

2

Verkarstetes Land,
die Poesie ist ausgewandert,
auf Krücken
defilieren die Worte
am Forum Romanum vorbei.

Mit Fahnenstoff
verdecken sie die Blöße,
dem Wind
verbieten sie die Botschaft,
die er aus anderen Ländern bringt,
jedes offene Wort
eine Falltür.

O mein Bellarmin,
ich verspräche dir gern
einen besseren Brief
aus dem Land der Orangen,
doch mein Haus
ist schweigsam geworden,
die Fenster
haben sehen gelernt.

HANS-JÜRGEN HEISE

Der Herr Hofmeister Hölderlin

Ach! und zum Fluß hinunter
die Kirschen
röter geworden um soviel
wie die Wege
staubiger sind

»Nicht länger« schreibt er
abends an die Mutter
»kann ich noch sein
Euer Fritz

Sondern
indem mir allerorten
und also auch vom Olympos
der Kindheit her
Besonderes widerfährt
muß ich jetzt
da es in meinem Ätna
heißer wird
lernen ohne
Schuhe zu gehen welche
einem solchen Werk
wie dem meinen
bloß abträglich sind« Schreibts
und zerreißt
die Epistel

Was linear als Freiheit begann
endet im Kreislauf der Jahre

Hölderlin

Ich habe Leute
über Hölderlin
reden hören, die
mit ihm nicht
geredet hätten.
Mit denen will
ich nicht reden.

ERICH FRIED

Hölderlin an Prinzessin Auguste von Homburg

... dir aber gestehen den Wunsch,
Daß, wenn die Hoffnung stirbt, auch sterbe
Die Furcht, ihre schwächere Schwester. Dann müßte
        keiner
Zu lange bleiben, allein, am unerträglichen Tag.
Nämlich, wo beide ihm noch nahe sind, dort stützt sich
Der Geschlagene auf jede mit einer Hand,
Und gehalten von ihnen
Ertappt er blindlings den rettenden Weg.

Wenn aber hereinbricht die Zeit,
Wenn die berechnenden Knechte
Wieder den Sieg haben sollen über die,
Die schon zu selten sind im zerrissenen Land,
Die freigeborenen Menschen, –
So laßt, ihr Götter,
Wenn ihr euch schon nicht besser
Erbarmen könnt, doch auf einen Schlag mit der
          Hoffnung
Resten auch dahingehn die Sorgerin.

Dann hängt, der des Todes sein muß,
Nicht hoffnungslos noch an ihr eine bange Weile,
Sondern, als hätt' ihn der Blitz
Getroffen, stürzt er, hinab aus dem Licht, verlassen
Sogar vom Schmerz, und fällt
In der Verratenen Schattenreich, wo lang schon
Die Besten wohnen.

ERICH FRIED

In seinem Turm

»Ein freier Mann, der sich nix am Zeug flicken läßt.«
ERNST ZIMMER ÜBER HÖLDERLIN

»Euer Hoheit, Euer Gnaden,
Euer Heiligkeit, Euer Majestät,
der Abstand, der uns trennt,
ist zu groß für ein Tete-a-tete.«
    »Nicht doch, Signor Scardanelli,
    aus dem Abstand erwüchse ja Haß!«
»Oui, monsieur,
Sie behaupten das.«
    »Mein guter Scardanelli,
    ich behaupte das angesichts ...«
»*Sie* sagen so, *Sie* behaupten so.
Es geschieht mir nichts.«
    »Kommen Sie mit spazieren,
    daß ich mir die Zeit vertreibe.«
»*Sie* wollen die Zeit nicht verlieren:
Sie befehlen mir, daß ich hier bleibe.«
    »Scardanelli, nur keine Bange!
    Eine Reise läßt Sie genesen.«
»Euer Ehrwürden sind wohl schon lange
nicht mehr in Frankreich gewesen?«
    »Wo fängt die Freiheit an?
    Ziehts Hyperion nicht nach solchen Orten?«
»Euer Majestät, das darf, das k a n n
ich nicht beantworten.«
    »Mein lieber Hölderlin,
    wer wie Sie die Zustände *so* sah ...«
»Eure Heiligkeit
sprechen mit Scaliger Rosa.«

HELGA M. NOVAK

dunkle Seite Hölderlins

für Sarah

eine handgeschriebene Seite
die meine Träume aufreißt
und mich bei Tage
in Finsternis hüllt
in der Schrift meiner ersten Schuljahre
Wörter die ich kaum lesen kann
– Abhang Menschen Wilder Hügel
Wunderbar Allda bin ich –
die Apriorität des Individuellen
Seite fünfundsiebzig

eine dunkle Seite und Hölderlins Schrift
heftig gespreizte Feder
jeder Ansatz ein Druck wider Druck
er hat die Tinte
nicht sorgfältig abgestreift
und versäumt beizeiten wieder einzutauchen
die Feder verdoppelt ihre Schlingen und zieht
Haare Fasern kleine Hölzer
hinter sich her   Spuren
als zöge eine Armee von Raben übers Blatt

wie muß das geklungen haben
dieses Aufdrücken beim Schreiben
der harte kratzende Laut
dazwischen sechs kurze Zeilen
fein und lesbar

– Vom Abgrund nemlich haben
Wir angefangen und gegangen
Dem Leuen gleich
Der lieget
In dem Brand
Der Wüste –

über die Seite hin verschmierte Tinte
Kleckse Spritzer Striche   scharf
sind Schreibfedern gewesen
verglichen mit unseren weichen flüssigen Kulis
ja aus reinen Stichwaffen
haben wir Kulis gemacht

Frankfurt diese himmelschreiende Stadt
als Nabel bezeichnet aber dann steigen
– Citronengeruch auf und das Öl aus der
   Provence –
– Frankreich –
das dröhnte einmal und vibrierte
wie Paris Prag und Portugal

dicke schwarze Wörter Zeilen die einander
   überlappen
Zeilen die abfallen am Rand
Wörter die sich auf der Seite rechts unten
ballen und drängen wie ein Rudel trotziger Kinder
dunkle Seite Hölderlins die mich zerreißt
wie können Wörter so voll Licht so finster
   aussehen
– Ihr Blüthen von Deutschland, o mein Herz wird
Untrügbarer Krystall an dem
Das Licht sich prüfet, wenn – Deutschland –

ach Hölderlin
Vaterland haben wir keins
nur die üblichen hinter Orden
und gezogenen Läufen sich verbergenden
   Landesväter
immernoch
die Nacht auf deiner Seite war nicht die letzte

URSULA KRECHEL

Saturnischer Tag

So bleichten die Farben aus
zu dürftigen Pastellen, und Kleingeld
sprang über den Tisch aufs Linoleum
einer steckte es ein, gabs aus
für einen bescheidenen Rausch.

Das Telefon läutete
niemand wollte sprechen
niemand wollte hören. Ein Atmen
ein Knacken, dann Stille
schweigsame Geräusche wiederholen sich.

Der Tag blieb dunkel. Noch im Herbst
ein vergilbtes Gedicht über den Winter
an der Wand. Etwas ist aus.

Keine Erinnerung an den »Gesang des Deutschen«.
Michel, es singt nicht, wenn du sprichst.
Die Sätze häufen sich
zu feisten Gebirgen, auch Schweigen
türmt sich auf, tote Kenntnis
zuviel gelächelt früher
mit zusammengebissenen Zähnen
»... daß du immer
blöde die eigne Seele leugnest ...«

Etwas ist aus an diesem Tag.
Beladene fallen sich in den Schoß
erheben sich schwerfällig.

Der Haustherapeut linkshändig rechtshändig
streicht den Trauernden übers Haar
und der Hausastrolog legt ihnen die Sterne
vor die Füße, aber die Sterne sind aus Stein
und leuchten nicht. Etwas blieb hängen
an diesem Tag, und Jean Améry legte Hand an sich
und die Frauen, Freundinnen seit jeher
hoben die Trauernden auf, begruben sie
unter Küssen auf weichen Matratzen
gingen dann ihre eigenen Wege.
So stand der Tag im Raum, lange noch
schmäler, verlorener, ungeläutert.

V

Wo nehm ich, wenn
Es Winter ist, die Blumen

JOHANANES R. BECHER

An die Parzen

Variation nach Hölderlin

Nur einen Sommer gönnt mir noch, nur einen,
Daß ich wie früher durch die Wälder streife,
Und, laubumhangen, einer herbstlich-reinen
Vollendung meines Lieds entgegenreife –

Wenn, efeudichtumrankt, mit all den Meinen
Vereint im Traum, das Letzte ich verschweige
Und neige mich und koste bis zur Neige
Den bitteren Trank, dem Tod mich zu vereinen –

Dann preist mich glücklich und ihr mögt verzeihn,
Daß ich ersparte mir des Alterns Pein,
Und habe euch zugleich die Pein erspart,
Daß ihr am Krankenbett euch um mich schart
– Die Szene wäre euch und mir mißlungen –:

Ich hab ein Lied dem Leben abgerungen,
Und das genügt wohl für *ein* Menschen-Sein.

JOHANNES BOBROWSKI

Hölderlin in Tübingen

Bäume irdisch, und Licht,
darin der Kahn steht, gerufen,
die Ruderstange gegen das Ufer, die schöne
Neigung, vor dieser Tür
ging der Schatten, der ist
gefallen auf einen Fluß
Neckar, der grün war, Neckar,
hinausgegangen
um Wiesen und Uferweiden.

Turm,
daß er bewohnbar
sei wie ein Tag, der Mauern
Schwere, die Schwere
gegen das Grün,
Bäume und Wasser, zu wiegen
beides in einer Hand:
es läutet die Glocke herab
über die Dächer, die Uhr
rührt sich zum Drehn
der eisernen Fahnen.

HEINZ CZECHOWSKI

Gelegentlich Hölderlins

Ich komme zum Glück,
Der Einigkeit späten Gedenkens,
Von der Liebe des Wegs,
Eine Leichtigkeit, die mich begleitet,
Und will, daß ich sage.

Mühlenflügel. Konturen –
Noch nicht veraltet,
Wie Trennungen, die
Ihr Maß verloren haben: gut,
Ich bin bewegt, aber
Es reicht nicht
Zu Tränen.

So ist alles ein Tasten.
Auch das Begriffne
Ist flüchtig – mit Rosen
Hänget das Land in den See.

Bewußtsein aber – so nahe
Tret ich, den Blick
Hebe ich kaum.

MARGARETE HANNSMANN

Friedhofsgespräch in Tübingen

Heimgekehrt
den Turm im Sinn
aus dem ich dich forttrug
fand ich schwärzer
Neckar als Styx
vergessener als Thermopylä
die von deinem Namen beflügelten
Toten zweier Jahrhundertkriege
ungeerntet hängen die gelben
Birnen doch
auch das gestorbene Wasser fließt

So komm ich durch den Schönbuch gefahren
um dich zu suchen wo du nicht bist
nur gelenkt von einer Erinnerung

Und Studenten als hießen sie
Hölderlin Hegel Sinclair in solchen
Kleidern und lockenhaarig mit langen
Schritten gehn durch die Gräbergasse
Kälte
alte Frauen zupfen
an Moos und Zapfen
längst gestorbnem Grün
das Mädchen vorhin zog den Mantel enger
ich hasse Winterkränze

Ob diese Mauer da war als sie dich begruben?
das Stück heißt Hölderlin

sie spielens überall im ausverkauften Vaterland
Mit ganz verschiedenen Personen doch
im Volkstheater Rostock zerstob
der Staub von tausend geflochtenen Kränzen

Und junge Nachfahrn
alte Jakobiner
füllten das Haus bis auf den letzten Platz
während der Ätna seinen Krater öffnete

Jenseits der Friedhofsmauer
Fenster über Fenster
Weißbekittelte
etagenhoch geordnet unter hellen
Lichtrechtecken
aufschauend
sähn sie
dein Grab

Doch ihre Uhren
gehn rascher als je Uhren gingen
ZEITZÜNDER
wie sollte ich mit dir darüber reden
der selbst die Sanduhr
leugnete

ERICH FRIED

Mnemosyne

den Brüdern Braunmühl und
Peter-Jürgen Boock gewidmet

Im Elend erst, nahe dem Untergang,
Findet sich wieder sie, ohne die sich
Alles verliert, die fast verlorene Sprache

Wie aber Liebes? Und reichen auch wir schon an den
Abgrund, noch vor dem Sterben? Und schenken Halt
                                                    uns
Nicht Sonnenschein und Staub der Erde?
Nämlich, wenn wir verlieren
Hier in der Heimat die Worte, die uns zuerst
Heimat bauten aus Wüste, aber die jetzt uns
Entfallen, hin zur Vernichtung, so daß uns das,
Was Wohnort war, wüster als Wüste wird ...

Kein Hilferuf, den man hört: Babel geworden
Ist jeder unserer Türme, tödlich verwirrt die Sprache.

Aber ein Fiebertraum Hoffnung, Gedenken: Vielleicht
Wird sie wieder geboren, wenn auch mit Schmerzen,
In fruchtbaren Wehen, die könnten uns retten, denn
In ihrer Macht steht es, uns zurück in uns zu
                                                verwandeln,
In sterblich lebende Menschen, verwundbar und deutlich
Vieldeutig wieder. Und nie mehr
Nur Zeichen, deutungslos.

CHRISTOPH MECKEL

Woher nehm ich Worte für dich und den Sommer,
                              Worte
für den plötzlichen Hagel am Mittag
              der die Obstbäume drosch auf dem Hügel
atemlose Worte für den Tisch, der noch eben
                          heiß in der Sonne stand
und wir rannten ins Haus, der Hagel füllte die Teller
        Suppenteller voll Hagel und ein durchnäßter
                              Seidenshawl!

SARAH KIRSCH

Noah Nemo

Abends beschließt er das Logbuch, öffnet
Die große Hölderlin-Ausgabe während
Die Nautilus ihre altmodischen Aufbauten
Seegrasbewachsene einsame Terrassen
Langsam ins Mondlicht schiebt. Es ist
Sinnlos auf den Auftrag zu warten.

JÜRGEN THEOBALDY

Ohne Blumen

Die Utopien sind zurück, sind
in die Schubladen gepackt worden,
Leute gehen in schmalen Schlangen
über die Felder. Ein Graben,
dahinter Rollen aus Stacheldraht,
verdreckte Polizisten, die Gesichter
abwesend hingehalten ins Teleobjektiv.
Unten rutscht der Schlamm weg,
Gummistiefel stecken im Matsch, Reiter,
spitz, für die Reifen der Panzerwagen.
Und wir rennen dem Fortschritt hinterher,
wir rennen dagegen an, Wörter fallen aus
wie Zähne. Schwer steht es um uns,
sagt einer, er verweigert den Schluß,
der ermuntern soll. Gib ihn mir zu lesen!
Noch zehn Jahre Wasser in den Flüssen,
dann ziehen die Industrien den Querstrich.
Ihr toten Künstler, auch ihr werdet sterben
und eure Leidenschaft, wenn von uns
nicht einmal die Kunst zurückbleibt,
zerstört wie wir sind von unseren Werken.
Tabakkrümel in der Jacke, Papier
für Zigaretten, für Aufrufe, Anzeigen.
Deine Angst hat im Februar Geburtstag,
lese ich bei dir, meine im März, wir,
alle können die letzten sein, irgendwo
mit erstickten Gitarren gelehnt an etwas,
für das es keinen Namen mehr gibt,
kein Lied dann, keinen Rhythmus.

JÜRGEN THEOBALDY

Gedicht

Aber woher nehme ich diesen Glauben,
in der Wahrheit selber zu schreiben, rein, in
klaren Versen, und wenn gebunden, woran?
Keine Siege leuchten aus den Entwürfen.
Klagen und Erwartungen, Fragen höre
ich, erregtes Sprechen, ich rede selber,
sonst auf nichts bezogen, auf keinen Glauben,
nicht auf Götter, denen ich Mittler wäre.
Keine Zeichen deuten mich, Vogelschwärme,
Eingeweide; alt nur das Ziel: Erfüllung.
Sie ist aufgebrochen, die Zuversicht in
alle Zukunft, als die Notwendigkeit ein
Zwang von Regeln war, bis sie dann aufbrachen,
Abenteurer der Strophen, ins Offene,
in Rufweite, zitternd, für sich, sie bebten.
Dichtung schreibt, wer schreibend sie lang verweigert.

VI

Sei du, Gesang, mein freundlich Asyl

PETER HUCHEL

Der Garten des Theophrast

Meinem Sohn

Wenn mittags das weiße Feuer
Der Verse über den Urnen tanzt,
Gedenke, mein Sohn. Gedenke derer,
Die einst Gespräche wie Bäume gepflanzt.
Tot ist der Garten, mein Atem wird schwerer,
Bewahre die Stunde, hier ging Theophrast,
Mit Eichenlohe zu düngen den Boden,
Die wunde Rinde zu binden mit Bast.
Ein Ölbaum spaltet das mürbe Gemäuer
Und ist noch Stimme im heißen Staub.
Sie gaben Befehl, die Wurzel zu roden.
Es sinkt dein Licht, schutzloses Laub.

Hölderlin

Selbst im Verfall noch hatte er schöne Visionen:
Die lieblichen Hänge des Neckar. Und fühlte noch Segel
Weich und sehnsuchtsvoll seine Stirne berührn.
Auch wölbten sich über ihm noch
Die schattigen Zweige seiner unsterblichen Verse,
Da er vergehend noch einmal erschaute
Pappeln und Berge und Blicke ins Land.
Doch ungeheurer noch warn die Gesichte
Über den Saum der Wolken zum Abend,
Immer und immer dem Tag zu.

PAUL CELAN

Tübingen, Jänner

Zur Blindheit über-
redete Augen.
Ihre – »ein
Rätsel ist Rein-
entsprungenes«–, ihre
Erinnerung an
schwimmende Hölderlintürme, möwen-
umschwirrt.

Besuche ertrunkener Schreiner bei
diesen
tauschenden Worten:

Käme,
käme ein Mensch,
käme ein Mensch zur Welt, heute, mit
dem Lichtbart der
Patriarchen: er dürfte,
spräch er von dieser
Zeit, er
dürfte
nur lallen und lallen,
immer-, immer-
zuzu.

(»Pallaksch, Pallaksch.«)

RINO SANDERS

Es leben die Sterblichen
Von Lohn und Arbeit
Entfremdet der Vernunft
Der Geschichte steuern sie bei
Ihren Zeitlohn geschäftig
Ihre Ware ohne Bewußtsein
Verrauscht des Markts
Lärm in stiller Laube
Das gesellige Mahl den Freunden
Des Mehrwerts Weltgeist
Tönt gastfreundlich
Aus den Widersprüchen
Des materiellen Lebens
Fetischcharakter blühet auf
Am Abendhimmel Profitraten
Wechselnd in Müh und Ruh
Blühen unzählig und ruhig scheint
Die goldne Welt zu viel
Begehrt das Herz
Dunkel wirds und einsam
Unter dem Himmel
Wie immer bin ich
Ein Individuum nicht
Beurteilt nach dem
Was es sich selbst dünkt

VOLKER BRAUN

An Friedrich Hölderlin

Dein Eigentum auch, Bodenloser
Dein Asyl, das du bebautest
Mit schattenden Bäumen und Wein
Ist volkseigen;
Und deine Hoffnung, gesiedelt
Gegen die *symmetrische Welt*!

Aber die Früchte, wer soll sie
Die Fässer aussaufen, nehmen
Dieses dröhnende Feld?
Die eisernen Reifen, wie
Fallen sie von meiner Brust
Wenn sie sich weitet?

Nicht träge
Sind wir geboren, Mann, dein *Gott in Stahl gehüllt*
Geht unter den Werktätigen:
Bis doch zu eingeborenem Brauch
Wird, was uns guttut, und
Brust an Brust weitet sich so, daß sie aufsprengt diese
    eiserne
Scheu voreinander!

VOLKER BRAUN

Gdańsk

Meine mögliche Heimat
Deren Milch mich nicht wusch
Die habe ich nicht verloren:
Hier lande ich glücklich an
An Portalen und Spindeltreppen
Quer aus kaschubischer Kornsteppe
In die Langgassen, und lege ankernd
Meine Glieder in die steinernen
Höfe

Wo die Schmalhäuser ragen
Filmkulissen, unwirklich
Vor dem blassen Himmel, die berühmten
Giebelketten fabrikneu en gros
Um den Hals der Stadt montiert
Koloriertes Märchen –
Welche Laute hier, welch Volk
Von Prinzen und Segelstickern
Und woher die verwunschene
Küste geschwemmt?

An den alten Fleck:
Rechtstadt, Fischmarkt, Königlicher Weg
Gegen das aufräumende Meer
Gebaut mit Zartsinn
Der Welt vier schönsten (Humboldt)
Städte eine, Danzig, deutsch
Bis in die Schlüssellöcher, sich selber

Aus dem Gesicht geschnitten, unglaublich
Und steinhart: ihr eignes Abbild:

Gdańsk. Und hinter den Wänden
Seh ich, selber betroffen
Zerschmettert alles, und laufe
Zurück in den rauchenden Schutt, Feuer
Auf meinen Händen, im Nacken
Schüsse, unter den Knien der Donner der Küste.
Und die Front schließt sich um meine Brust.
Und Wand um Wand stürzt die
Stadt in die Geschichte.

182 Männer
Major Henryk Sucharski
Vergraben in der Westerplatte
Zerbombt sieben Tage, länger
Standhaltend als ganz Polen, gegen die
Grölende Stadt. *Wenn doch*
Rückkehrte unsres Sarmatiens goldene
Zeit! (König Zygmunt August-Statue.
Zerschossen.)

Und die Fassaden wirklich
Und leuchtend, seh ich, gebaut
Gegen die aufräumende
Zeit, mit Zartsinn
Von herlaufenden Polen. Die haben sich
Den Fleck erworben endlich
Eine Heimat
Möglich für manchen und mich.
Ich gehe plötzlich
Am Grunde des Märchens

Das ich sage, in der zukünftigen Welt
Aus Arbeit vieler. Jedem gehörig
Ihr Glanz, und lege die Hand an den Stein
Und die Glieder in die schattenden Zimmer
Und rede zu vielen
Mit einer männlichen Freude.

ERICH FRIED

Hölderlin an Sinclair

Was ist geblieben?
Nichts mehr und alles. Nämlich,
Was war, das ist und wird sein,
Auch gegen sich selbst.
Zuviel aber ist umsonst,
Und was mir schien,
Scheint nicht länger.

Aber des Todes ist wenig.
Denn sind auch verheert
Die Brunnen im Land
Und abgeholzt an den Straßen
Die heiligen Bäume des Seins,
Es kann doch keinem
Auferlegt werden, alles
Mitanzusehen, daß er es ewig ertrage
Ohne Empörung, selbst um der Liebe willen.
Und ist erst entzündet
Der Mut, so wächst ihm auch Mitleid
Mit denen, die,
Gescheucht in den Schutz der Schatten,
Versäumen den eigenen Zorn.

Viel kann verstört sein,
Daß der suchende Blick es
Kaum noch erkennt.
Nicht alle Vögel, die singen,

Helfen dem Himmel. Doch wo
Gesang fehlt, dort erblindet
Der arme Gefangene.
Das letzte aber ist Leben.

URSULA KRECHEL

Erster Februar

Was von einem Winternachmittag bleibt:
die spiegelnde Nässe auf den Straßenbahnschienen
blaue Kacheln in einem offenstehenden Haus
in dem pfeifende Arbeiter Wände einreißen
eine Wolke aus Staub über den Gehweg gefegt
eine Fuhre Schutt
ich fotokopierte fremde Gedichte
jetzt sind sie mein bewegliches Eigentum.

Was auch bleibt: die Zeit sitzt im Nacken
und wärmt die Schultern unverhofft.
Ein rosiges Licht über den Bankentürmen
und Spatzen schwätzen an den Pfützen.
Genügt, was nicht genügt, was bleibt?

Anhang

Verzeichnis der Autoren, Gedichte und Druckvorlagen

W. B.: Verdrehte Welt – das seh' ich gerne. Lieder, Gedichte, Balladen, Prosa. Köln: Kiepenheuer & Witsch, 1982. (1) S. 136–138. – © 1982 Verlag Kiepenheuer & Witsch Köln.
W. B.: Alle Lieder. Köln: Kiepenheuer & Witsch, 1991. S. 198. (2) – © 1991 Verlag Kiepenheuer & Witsch Köln.

JOHANNES BOBROWSKI (1917–1965)

J. B.: Gesammelte Werke. Hrsg. von Eberhard Haufe. Bd. 2: Gedichte aus dem Nachlaß. Berlin: Buchverlag Union, 1987. (1) S. 329 f. – Bd. 1: Die Gedichte. Berlin: Buchverlag Union, 1987. (2) S. 54 f. (3) S. 107. – © 1987 BVU. Buchverlag Union GmbH, Berlin.

ELISABETH BORCHERS (geb. 1926)

E. B.: Von der Grammatik des heutigen Tages. Frankfurt a. M.: Suhrkamp, 1992. S. 66 f. – © 1992 Suhrkamp Verlag, Frankfurt am Main.

VOLKER BRAUN (geb. 1939)

V. B.: Gegen die symmetrische Welt. Gedichte. Frankfurt a. M.: Suhrkamp, 1974. (1) S. 50 f. (2) S. 18. (3) S. 67–69. – © 1974 Suhrkamp Verlag, Frankfurt am Main.

PAUL CELAN (1920–1970)

P. C.: Die Niemandrose. Gedichte. Frankfurt a. M.: S. Fischer, 1963. S. 24. – © 1963 S. Fischer Verlag GmbH, Frankfurt am Main.

HANNS CIBULKA (geb. 1920)

Die eigene Stimme. Lyrik der DDR. Hrsg. von Ursula Heuken-
kamp, Heinz Kahlau und Wulf Kirst. Berlin/Weimar: Aufbau-Ver-
lag, 1988. S. 144 f.
Mit Genehmigung von Hanns Cibulka, Gotha.

HEINZ CZECHOWSKI (geb. 1935)

H. C.: Was mich betrifft. Halle a. d. Saale: Mitteldeutscher Verlag,
1981. (1) S. 81.
H. C.: Aus Schafe und Sterne. Halle a. d. Saale: Mitteldeutscher
Verlag, 1974. S. 115. (2) – H. C.: Nachmittag eines Liebespaares.
Halle a. d. Saale: Mitteldeutscher Verlag, 1963. S. 46. (3)
Mit Genehmigung von Heinz Czechowski, Leipzig.

GÜNTER EICH (1907–1972)

G. E.: Gesammelte Werke in 4 Bänden. Rev. Ausg. hrsg. von Axel
Vieregg. Bd. 1: Gedichte. Frankfurt a. M.: Suhrkamp, 1991. S. 36.
– © 1973 Suhrkamp Verlag, Frankfurt am Main.

HANS MAGNUS ENZENSBERGER (geb. 1929)

H. M. E.: landessprache. Frankfurt a. M.: Suhrkamp, 1960. S. 7–13. –
© 1960 Suhrkamp Verlag, Frankfurt am Main.

ERICH FRIED (1921–1988)

E. F.: Die bunten Getüme. 70 Gedichte. Berlin: Wagenbach, 1977.
(Quarthefte. 80.) (1) S. 16. (2) S. 18. (4) S. 17.
E. F.: Gründe. Gesammelte Gedichte. Hrsg. von Klaus Wagenbach.
Berlin: Wagenbach, 1989. (Salto.) S. 148. (3) – © 1989 Verlag Klaus
Wagenbach GmbH, Berlin.

PETER HÄRTLING (geb. 1933)

P. H.: Anreden. Gedichte aus den Jahren 1972–1977. Darmstadt/
Neuwied: Luchterhand, 1977. S. 18. – © 1977 Luchterhand Literaturverlag, Hamburg und Zürich.

MARGARETE HANNSMANN (geb. 1921)

M. H.: Drachmentage. Gedichte. Düsseldorf: Eremiten-Presse,
1986. (1) S. 26. – © 1986 Eremiten-Presse, Düsseldorf.
M. H.: Purpuraugenblick. Gedichte aus fünfundzwanzig Jahren.
Stuttgart: Klett-Cotta, 1991. S. 87. (2) – © 1991 J. G. Cotta'sche
Buchhandlung Nachfolger GmbH, Stuttgart.

HANS-JÜRGEN HEISE (geb. 1930)

H.-J. H.: Einhandsegler des Traums. Gedichte, Prosagedichte,
Selbstdarstellungen. Kiel: Neuer Malik Verlag, 1989. S. 70.
Mit Genehmigung von Hans-Jürgen Heise, Kiel. – Die Briefpassage
ist eine Erfindung des Autors.

PETER HUCHEL (1903–1981)

P. H.: Chausseen Chauseen. Gedichte. Frankfurt a. M.: S. Fischer,
1963. S. 81. – © 1963 S. Fischer Verlag GmbH, Frankfurt am Main.

SARAH KIRSCH (geb. 1935)

Noah Nemo 82

S. K.: Landwege. Eine Auswahl 1980–1985. Mit einem Nachw. von Günter Kunert. Stuttgart: Deutsche Verlags-Anstalt, 1985. S. 86. – © 1985 Deutsche Verlags-Anstalt GmbH, Stuttgart.

URSULA KRECHEL (geb. 1947)

(1) Saturnischer Tag 71
(2) Erster Februar 97

U. K.: Verwundbar wie in den besten Zeiten. Gedichte. Darmstadt/Neuwied: Luchterhand, 1979. (1) S. 42 f. – © 1979 Luchterhand Literaturverlag, Hamburg und Zürich.
U. K.: Vom Feuer lernen. Gedichte. Darmstadt/Neuwied: Luchterhand, 1985. S. 57. (2) – © 1985 Luchterhand Literaturverlag, Hamburg und Zürich.

GEORG MAURER (1907–1971)

Hölderlin 25

G. M.: Gestalten der Liebe. Halle a. d. S.: Mitteldeutscher Verlag, 1965. S. 148 f. – © 1965 Mitteldeutscher Verlag GmbH, Halle a. d. Saale.

CHRISTOPH MECKEL (geb. 1935)

Woher nehm ich 81

Ch. M.: Säure. Gedichte. Düsseldorf: Claassen, 1979. S. 36. – © 1979 Claassen Verlag GmbH, Hildesheim.

ERNST MEISTER (1911–1979)

Neulich in Tübingen 27

Inselalmanach auf das Jahr 1970. Hrsg. von Dirk Rodewald. Frankfurt a. M.: Insel Verlag, 1979. S. 102. – © Rimbaud Verlagsgesellschaft mbH, Aachen.

KARL MICKEL (geb. 1935)

K. M.: Vita nuova mea. Reinbek: Rowohlt, 1967. S. 40f. – © 1966
Aufbau Verlag, Berlin und Weimar.

HELGA M. NOVAK (geb. 1935)

H. M. N.: Margarete mit dem Schrank. Berlin: Rotbuch, 1978.
(Rotbücher. 182.) S. 59f.

REINHARD PRIESSNITZ (geb. 1945)

R. P.: Vierundzwanzig Gedichte. Werkausgabe. Hrsg. von Heim-
rad Becker. Bd. 1. Linz: Edition neue Texte, 1978. S. 42. – © Verlag
Droschl, Graz.

PETER RÜHMKORF (geb. 1929)

P. R.: Gesammelte Gedichte. Reinbek: Rowohlt, 1976. S. 91–93. –
© 1976 Rowohlt Verlag GmbH, Reinbek.

RINO SANDERS (geb. 1921)

R. S.: Gedichte spätbürgerlich. Inserate, Palimpseste. Hamburg:
Hoffmann & Campe, 1972. S. 46.
Mit Genehmigung von Rino Sanders, Cecina di Toscolano.

GODEHARD SCHRAMM (geb. 1943)

G. Sch.: Meine Lust ist größer als mein Schmerz. Gedichte. München: Piper, 1975. S. 17–24.
Mit Genehmigung von Godehard Schramm, Nürnberg.

JÜRGEN THEOBALDY (geb. 1944)

J. Th.: Sommertour. Gedichte. Reinbek: Rowohlt, 1983. (1) S. 10.
Mit Genehmigung von Jürgen Theobaldy, Bern.

J. Th.: Schwere Erde. Rauch. Reinbek: Rowohlt, 1980. S. 49. (2)
Mit Genehmigung von Jürgen Theobaldy, Bern.

VOLKER VON TÖRNE (geb. 1934)

V. v. T.: Wolfspelz. Gedichte, Lieder, Montagen. Berlin: Wagenbach, 1968. S. 25. – © 1968 Verlag Klaus Wagenbach GmbH, Berlin.

Hölderlin und die deutschen Dichter

*Zur Hölderlin-Rezeption in der Lyrik der DDR
und der BRD*

Es überrascht, daß gerade der Dichter des hohen klassischen
Tones, des erhabenen Gesangs, der den ›Gesang des Deutschen‹ in der gleichnamigen Ode intonierte, die Lyriker in
der Bundesrepublik und der DDR immer wieder zu Gedichten inspirierte. Mußte die Lyrik Hölderlins mit ihrem Pathos der Erhabenheit den Nachgeborenen, die auf die jünge-
re deutsche Geschichte zurückblicken, nicht zutiefst fremd
geworden sein? Warum wurde gerade Hölderlin zu einer
Art poetischer Leitfigur, an der viele Autoren ihre eigene ästhetische Position überdachten? Oder ist es die mühselige
Existenz Hölderlins, der unter der Enge der spätfeudalen
Verhältnisse litt, unter den Demütigungen seiner beruflichen
Stellung, der Zurückweisung und dem Unverständnis seiner
arrivierten Dichterkollegen, der schließlich dem Wahnsinn
verfiel, der an der ›Prosa der Verhältnisse‹ zerbrach? – Vor
dem dunklen Grund dieser Existenz erst erschließt sich der
heroische Gestus des Autors, der inmitten der deutschen
Misere und trotz seiner eigenen unglücklichen Verfassung,
seiner Fragilität, ein Œuvre schuf, das der Zukunft verpflichtet ist. Sicherlich ist es gerade die Spannung zwischen
Biographie und Werk, die Hölderlin für die Lyriker in beiden deutschen Staaten auf verschiedene Weise zum Adressa-
ten ihrer Gedichte werden ließ. Gedichte wie die *Rheinhymne*, *Hälfte des Lebens*, *Andenken*, *Mein Eigentum* und *Gesang des Deutschen* vor allem haben die metapoetische Reflexion der Autoren angeregt. Hölderlins Ode *Gesang des
Deutschen* sei hier als ein Beispiel seines lyrischen visionären
Entwerfens vorgestellt.

GESANG DES DEUTSCHEN

O heilig Herz der Völker, o Vaterland!
   Allduldend, gleich der schweigenden Mutter Erd
      Und allverkannt, wenn schon aus deiner
         Tiefe die Fremden ihr Bestes haben.

Sie ernten den Gedanken, den Geist von dir,
   Sie pflücken gern die Traube, doch höhnen sie
      Dich, ungestalte Rebe! daß du
         Schwankend den Boden und wild umirrest.

Du Land des hohen ernsteren Genius!
   Du Land der Liebe! Bin ich der deine schon,
      Oft zürnt ich weinend, daß du immer
         Blöde die eigene Seele leugnest.

Doch magst du manches Schöne nicht bergen mir,
   Oft stand ich überschauend das holde Grün
      Den weiten Garten, hoch in deinen
         Lüften auf hellem Gebirg und sah dich.

An deinen Strömen ging ich und dachte dich,
   Indes die Töne schüchtern die Nachtigall
      Auf schwanker Weide sang, und still auf
         Dämmerndem Grunde die Welle weilte.

Und an den Ufern sah ich die Städte blühn,
   Die Edlen, wo der Fleiß in der Werkstatt schweigt,
      Die Wissenschaft, wo deine Sonne
         Milde dem Künstler zum Ernste leuchtet.

Kennst du Minervas Kinder? sie wählten sich
   Den Ölbaum früh zum Lieblinge; kennst du sie?
      Noch lebt, noch waltet der Athener
         Seele, die sinnende, still bei Menschen,

Wenn Platons frommer Garten auch schon nicht mehr
   Am stillen Strome grünt, und der dürftge Mann
      Die Heldenasche pflügt, und scheu der
         Vogel der Nacht auf der Säule trauert.

O heilger Wald! o Attika! traf Er doch
  Mit seinem furchtbarn Strahle dich auch, so bald,
    Und eilten sie, die dich belebt, die
      Flammen entbunden zum Äther über?

Doch, wie der Frühling, wandelt der Genius
  Von Land zu Land. Und wir? ist denn Einer auch
    Von unsern Jünglingen, der nicht ein
      Ahnden, ein Rätsel der Brust, verschwiege?

Den deutschen Frauen danket! sie haben uns
  Der Götterbilder freundlichen Geist bewahrt,
    Und täglich sühnt der holde klare
      Friede das böse Gewirre wieder.

Wo sind jetzt Dichter, denen der Gott es gab,
  Wie unsern Alten, freudig und fromm zu sein,
    Wo Weise, wie die unsre sind, die
      Kalten und Kühnen, die Unbestechbarn?

Nun! sei in deinem Adel, mein Vaterland
  Mit neuem Namen, reifeste Frucht der Zeit!
    Du letzte und du erste aller
      Musen, Urania! sei gegrüßt mir!

Noch säumst und schweigst du, sinnest ein freudig Werk,
  Das von dir zeuge, sinnest ein neu Gebild,
    Das einzig, wie du selber, das aus
      Liebe geboren und gut, wie du, sei. –

Wo ist dein Delos, wo dein Olympia,
  Daß wir uns alle finden am höchsten Fest? –
    Doch wie errät der Sohn, was du den
      Deinen, Unsterbliche, längst bereitest?

  Das Vaterland, das das lyrische Ich im *Gesang des Deutschen* anruft, »das heilig Herz der Völker«, ist ein idealisches Vaterland der Zukunft. Ein Gedicht im hohen Stil, hochgestimmt emphatisch der Ton der alkäischen Odenstrophe. Dem Pathos der Form korrespondiert der Ernst des Sujets, die Frage nach der Zukunft des Vaterlandes, das als »das heilig Herz der Völker« apostrophiert wird. Ein Gedicht deutsch-nationaler Begeisterung? Intoniert der *Gesang des Deutschen* den blinden Enthusiasmus für deutsche Größe, deutsche Genialität, deutsche Überlegenheit? Mitnichten.

Das Gedicht feiert keineswegs ein real existierendes Deutschland, es gestaltet seine Vision eines freien Volkes, das sich der Strebungen seines edleren Selbst besinnen sollte: »Oft zürnt ich weinend, daß du immer / Blöde die eigene Seele leugnest«. Trauer und Zorn bewegen das Ich, denkt es an Deutschland, wie es sich tatsächlich darstellt. In diesen zwei Zeilen artikuliert sich das Leiden des Ichs an dem Deutschland feudalstaatlicher Verhältnisse zugleich die Hoffnung auf ein künftiges, das seiner Seele, seines eigenen Selbst innewird. Hier offenbart sich der utopische Impetus des Gedichts, sein kritischer Impuls. Den ersten sechs Strophen, die an die Seele des Vaterlandes appellieren, folgen drei Strophen, die den Geist der griechischen Polis Athen evozieren: »Kennst Du Minervas Kinder? sie wählten sich / Den Ölbaum früh zum Lieblinge«. Der griechischen Polis mit Minerva als Schutzgöttin Athens, als Göttin der Weisheit und Schirmherrin der handwerklichen und freien Künste gedenkt das lyrische Ich, einer Polis im Zeichen des Ölbaums, dem Symbol friedlichen Wachstums. Doch die Blüte Athens ist vergangen, Platons frommer Garten, seine Akademie, existiert nicht mehr, die Eule der Minerva, der Vogel der Nacht trauert scheu auf der Säule. Aber der Genius, der Geist kultureller Blüte und schöner Menschlichkeit wandelt »wie der Frühling ... von Land zu Land«; und das Ich spricht die Hoffnung aus, daß dieser Genius die Zukunft Deutschlands schaffe, wenn es seines Adels inne wird: »Nun! Sei gegrüßt in deinem Adel, mein Vaterland, / Mit neuem Namen, reifeste Frucht der Zeit!« Wieder der Gruß an ein Vaterland der Zukunft. Urania, die Muse der Sternenkunde wird angerufen, es mag auch Aphrodite, die Liebesgöttin gemeint sein, die den Beinamen Urania, die Himmlische, führt. Das »neu Gebild«, das die Muse sinnet, »ein freudig Werk«, »aus Liebe geboren und gut« – wird es das zukünftige Vaterland sein? Bedeutsam der Optativ »sei«, der den utopischen Impetus festhält. Der ›deutsche Sänger‹ vergoldet keineswegs das »böse Gewirre« der deutschen Verhältnisse, gibt seine Vision nicht schon als im Jetzt eingeholte aus. Mit Fragen endet das Gedicht: »Wo ist dein Delos, wo dein Olympia, / Daß wir uns alle finden am höchsten Fest? – / Doch wie errät der Sohn, was du den / Deinen, Unsterbliche, längst bereitest?«

Die geschichtliche Notwendigkeit eines freien befriedeten Vaterlandes, in dem der Geist Minervas wehte, wirft Fragen nach der Verwirklichung des Ideals auf. Hoffnung und Sorge halten sich in dieser Frage die Balance, und so bewahrt sich das lyrische Ich vor blindem Optimismus und resignierter Utopielosigkeit. Hölderlin formuliert im *Gesang des Deutschen* seine Utopie eines Vaterlandes, eines Gemeinwesens, in dem das Ich sich geborgen fühlt, der Riß zwischen Individuum und Gesellschaft aufgehoben ist. Er prangert nicht die »Prosa der Verhältnisse« an, Kleinstaaterei, absolutistische Willkür, Zensur, Kunstfeindlichkeit und bourgeoises Nützlichkeitsdenken, vielmehr evoziert er die Vision eines Deutschlands klassischer Humanität, von dem das Ich mit Sohnesliebe spricht. Nur in negativer Dialektik vermittelt sagt das Gedicht etwas über die realen widrigen Zustände aus, über die Entfremdung zwischen Individuum und Gesellschaft. Der Entwurf eines Landes der Liebe, dem das Ich sich zugehörig weiß, läßt das Gegenbild einer Gesellschaft entstehen, die durch Zweckrationalität und Utilitarismus geprägt ist und der Entfaltung des Individuums, das sich nicht dem Nützlichkeitsdenken dieser Gesellschaft verschrieben hat, keinen Raum bietet. Der hohe Ton der alkäischen Ode, die griechisches Strophenmaß mit den Möglichkeiten der deutschen Sprache vereint, weist jede Deutschtümelei zurück, aber auch jedes Zugeständnis an Volkstümlichkeit, an leichte Verständlichkeit. Hölderlin verweigert sich schneller Konsumierbarkeit und behauptet die Autonomie des Gedichts, radikalisiert die Eigengesetzlichkeit lyrischer Kunstsprache in einer Zeit, in der der kunstfeindliche Philister allherrschend geworden ist.

In dem Gedicht *Mein Eigentum* formuliert Hölderlin sein poetisches Credo:

> Sei du, Gesang, mein freundlich Asyl! sei du,
> Beglückender! mit sorgender Liebe mir
> Gepflegt, der Garten, wo ich, wandelnd
> Unter den Blüten, den immerjungen,
>
> In sichrer Einfalt wohne, wenn draußen mir
> Mit ihren Wellen allen die mächtge Zeit,
> Die Wandelbare, fern rauscht und die
> Stillere Sonne mein Wirken fördert.
>
> Ihr segnet gütig über den Sterblichen,
> Ihr Himmelskräfte! jedem sein Eigentum,
> O segnet meines auch, und daß zu
> Frühe die Parze den Traum nicht ende.

In dieser Anrufung seines Gesangs spricht sich Zukunftshoffnung aus, in die zugleich das Leiden des Subjekts an der »mächtgen Zeit«, die Ahnung seiner psychischen Zerbrechlichkeit mitschwingt. Dichtung als freundlich Asyl und Garten, der mit sorgender Liebe gepflegt werde, diese Konzeption stellt den lyrischen Produktionsprozeß als Vorgang der Arbeit, des Feilens, des artistischen Könnens dar, wehrt die Vorstellung vom Musenkuß ab. Doch wenn auch die Dichtung nicht das Produkt spontaner Eingebung ist, so bedarf sie zugleich des Segens der »Himmelskräfte«, eben der Inspiration, die sich nicht durch Arbeit am Werk erzwingen läßt. Hölderlins Credo, Dichtung als die einzig mögliche Heimstatt des zutiefst einsamen lyrischen Subjekts, Dichtung als zukunftweisende Vision, die gegen die Prosa der Verhältnisse wirkt, dieses Hoffnungsbild hat die Lyriker der letzten Jahrzehnte immer wieder zu einer eigenen poetischen Standortbestimmung angeregt.

Die vorliegende Anthologie soll diese vielstimmige Hölderlin-Rezeption in der zeitgenössischen deutschsprachigen Lyrik dokumentieren. Sie gliedert sich in sechs Abschnitte, deren Motti jeweils einem Hölderlin-Text entnommen sind, auf den sich die Gedichte explizit oder implizit in ihrem Ton oder geistigem Duktus beziehen.

Da Lyriker und Lyrikerinnen unterschiedlichster poetologischer Konzepte wie auch verschiedener Generationen in ihren Gedichten Hölderlins gedenken, überrascht es, daß sie vielfach immer wieder auf dieselben Werke anspielen. Es gibt zwar Bezüge zu *Der Rhein* (Celan), zu *Brot und Wein* (Hannsmann), *An die Parzen* (Becher), *Der Abschied* (Borchers) und zu anderen Werken, doch auffällig oft geben die Gedichte *Andenken*, *Hälfte des Lebens*, *Gesang des Deutschen* und *Mein Eigentum* den Nachgeborenen die Impulse zu ihrer lyrischen Reflexion. Auch wenn sich hier keine grundsätzlich verschiedenen Präferenzen bei den Lyrikern der Bundesrepublik und der DDR ausmachen lassen, einige unterschiedliche Akzentuierungen fallen auf. Vor allem den westdeutschen Lyrikern, die sich kritisch mit den bundesrepublikanischen bzw. deutschen Verhältnissen befassen, wird Hölderlins *Gesang des Deutschen* zum Anstoß skeptischer Befragung – im Gegensatz zu den Lyrikern in der DDR, die sich auf Hölderlins Vision vom »Land der Liebe« nicht beziehen und ihre Kritik am Bestehenden sehr viel vermittelter artikulieren. Ein Pendant zu Peter Rühmkorfs *Variation auf »Gesang des Deutschen« von Friedrich Hölderlin* mit einer entsprechend vehement formulierten Kritik am bestehenden Sozialismus gibt es zum Beispiel nicht. Volker Brauns *Prag*, das an Hölderlins *Heidelberg* erinnert und im Kontrast auf das blutige Ende des ›Prager Frühlings‹ anspielt, offenbart seine politisch kritische Dimension nur dem hermeneutisch sensibilisierten Interpreten. Es fällt auf, daß die renommierten Lyriker aus dem Land, das den sozialistischen Realismus gleichsam ex cathedra postulierte und das gesellschaftliche Subjekt forderte, schon früh eine poetische Kunstsprache ausbildeten, sie nur sehr vermittelt, subtil das Leiden an dieser Realität aussprachen. Die Klage aus *Hälfte des Lebens* »wo nehm ich, wenn / Es Winter ist, die Blumen« gewinnt für diese Lyriker eine neue aktuelle Dimension.

Hölderlins Gedicht *Andenken*, das an seine Zeit als Hofmeister in Bordeaux erinnert und sein hoffnungsvolles Konzept vom Dichterberuf formuliert, liefert das Motto zum Auftakt dieser Anthologie. Ein Zitat aus dem *Hyperion* ist der zweiten Gruppe vorangestellt, die sich im weitesten Sinne auf das Selbstverständnis des Dichters bezieht. Ein Zitat aus *Heidelberg*, das eine Hommage an eine schöne freundliche deutsche Stadt darstellt, führt die dritte Gruppe an. Es folgt für die vierte Gruppe ein Zitat aus dem *Gesang des Deutschen*. Die bange Frage aus *Hälfte des Lebens* bestimmt die Gedichte der fünften Gruppe, und das der Melancholie abgerungene Hoffnungszeichen aus *Mein Eigentum* bildet das Motto für die Gedichte der letzten Gruppe.

Es wäre ein vergebliches Unterfangen, in einem Nachwort auf die vielen in dieser Anthologie vorgestellten Gedichte eingehen zu wollen. Das führte zu einem Titel- und Namenpotpourri ohne irgendeinen Erkenntniswert. Ich kann hier nur auf einige wenige Gedichte eingehen, die jedoch das vielfarbige Spektrum der Hölderlin-Rezeption andeuten.

Günter Eichs Gedicht *Latrine*, in der Kriegsgefangenschaft entstanden, bezieht sich auf Hölderlins Dichtungsentwurf, auf dessen Konzept einer reinen Poesie, die ihre eigene Wirklichkeit schafft, Traumgesicht, ästhetischer Vorschein einer in der Realität verdeckten Möglichkeit geglückter Menschheit sein soll. Das lyrische Ich wählt ein absolut anti-poetisches Sujet, die Defäkation, als ›Gelegenheit‹ lyrischen Gestaltens. Diesem Ich ist jede idealisierende Selbststilisierung fern, es zeigt sich in seiner Kreatürlichkeit – in hockender Stellung – »über stinkenden Gräben«. Vor dem Ambiente dieses schmutzigen Elends von Fliegen, Verwesung und Kot evoziert das lyrische Ich Verse von Hölderlin. Schneidend sarkastisch der Reim, der Hölderlin und Urin verbindet. Das Fernste, Entgegengesetzteste, Inkompatible schlechthin wird hier in Bezug gebracht. Bedeutet der Sarkasmus eine polemische Abrechnung mit dem Dichter des hohen Gesangs, dessen Verse aus dem Gedicht *Andenken* in der Schlußstrophe zitiert werden? Gewiß nicht. Es wird keineswegs Hölderlins dichterisches Selbstverständnis denunziert, sondern eine Realität, die durch die jüngste Geschichte der Massenvernichtung, der nicht darstellbaren Barbarei den Glauben an eine schönere Menschheit gründlich erschüttert hat. Hölderlins Gedicht endete mit den zuversichtlichen Worten: »Was bleibet aber, stiften die Dichter«. Diese Zuversicht, die Hölderlin als Gegenentwurf zu den politischen und gesellschaftlichen Wirren seiner Zeit formulierte, ist den Nachgeborenen weitgehend verloren gegangen. Und dennoch, die oxymoronische Struktur des Gedichts, das in schneeiger Reinheit Wolken sich im Urin spiegeln läßt, Sublimes mit Niedrigem mischt, verweist auf den Willen des lyrischen Ichs, dem Gemeinen mit seiner Dichtung zu trotzen. Zwar schreibt sich die reale Misere – anders als bei Hölderlin und nicht nur vermittelt im Ton der Trauer und im Gestus utopischen Entwerfens – unmittelbar dem lyrischen Gebilde selbst ein, aber dieses behauptet zugleich sein Anderssein. Die Sprache kann und will sich nicht reinhalten vom prosaischen Vokabular, doch das lyrische Ich schlägt seine poetischen Funken gerade aus dem lyrisch Widerständigen, schafft – wie Baudelaire in seinem Skelett-Gedicht oder Benn in den *Morgue*-Gedichten – aus dem eklig Häßlichen eine ästhetische Harmonie. Symptomatisch dafür vor allem die erste Strophe, die die vokalen Valeurs kunstvoll moduliert. Das Ich erinnert sich nicht willentlich an Hölderlin, unwillkürlich wird es vielmehr an die Verse aus *Andenken* erinnert – nämlich durch den Blick auf »bewaldete Ufer, / Gärten, gestrandetes Boot«, durch den Blick auf eine Szenerie, die das Bild der von Hölderlin im Gedicht entworfenen poetischen Landschaft hervorruft. Das ästhetische Landschaftsbild, das das Ich nun seinerseits entwirft – die sich im Urin spiegelnden Wolken –, bedeutet zugleich Negation und Bewahrung poetischer Schau. Die groteske Pointe: Urin als Reflektor der schneeigen Reinheit zeigt an, daß

117

ästhetische Schönheit – im Selbstverständnis Eichs – den Tribut an das Prosaisch-Gemeine zu leisten hat, will es nicht in falsche Idylle ableiten. Das sich anschließende Hölderlin-Zitat, Satzfragment, ein Sehnsuchtsgruß an die »schöne Garonne«, wird wiederum gegenläufig weitergeführt: Perspektivenwechsel von poetischer Erinnerung zur prosaischen Ausgangssituation ›Latrine‹: »Unter den schwankenden Füßen / schwimmen Wolken davon«, der banale Vorgang bleibt ausgespart, desillusionierend der Schluß, und doch hallen noch die Verse von Hölderlin nach.

Die grotesk unpassenden Reimpaare – Urin / Knien, Boot / Kot, Garonne / davon –, die in dem sarkastischen Reim Hölderlin / Urin ihre schärfste Zuspitzung erfahren, verweisen auf das Leiden des lyrischen Ichs an seiner Zeit, die die Idee des freien Individuums diskreditiert hat und die auch der Kunst, der Poesie ihre Legitimation bestreitet. Eichs Gedicht reflektiert immanent im ›Andenken‹ an Hölderlin das Konzept poetischer Autonomie, einer poetischen Gegenwelt, die die Prosa der Verhältnisse negierte; es zeigt durch seine oxymoronische Struktur, die Latrinenwirklichkeit und poetische Landschaft verschmilzt, das Problematische ›reiner‹ Poesie, zugleich jedoch behauptet es gegenüber allen Abbildungspostulaten, Widerspiegelungstheoremen seine ästhetische Eigengesetzlichkeit. Eichs Gedicht stellt nicht eine Absage an Hölderlins Dichtungskonzept dar, sondern eine Modifikation und Radikalisierung. Wenn Hölderlin den Dichter zu seiner Zeit noch als ›Seher‹ begreifen konnte, als Künder einer kommenden schöneren Zeit, so kann sich der deutsche Lyriker nach dem 2. Weltkrieg nur als Außenseiter verstehen, der keinerlei gesellschaftliche Zukunftsperspektive erblickt, von radikalem Ideologieverdacht durchdrungen ist und der in seinem Dichten einen Rest von Autonomie beansprucht gegen die Übermacht der Faktizität. Eichs Gedicht stellt ein ›und Dennoch‹ der Poesie in elender Zeit dar, ein ›Wenn auch – ja trotzdem‹ zu Hölderlin.

Johannes Bobrowski bezieht sich in seinem *Andenken an Hölderlin* von Oktober 1959 auf das selbe Gedicht und erinnert den Gruß aus *Andenken*; sein Gedicht gemahnt an die Schlachtfelder der Weltkriege, evoziert dann Bilder einfachen Lebens. Doch noch in der Leichtigkeit des Vogels in den Lüften schwingt Angst mit. Die Schlußzeile »Geh und grüße / die schöne Garonne« erscheint als zögernd leises Hoffnungsbild. Erich Arendt dagegen verweist in einer sehr hermetischen lyrischen Sprache auf Hölderlin. Die Schlußzeilen seines Gedichts (»dein Segel, / Scheiternder, / setz / schwarz«) können als schmerzhaft empfundene Absage an Hölderlins Schlußbild gedeutet werden: »Es nehmet aber / Und gibt Gedächtnis die See, / Und die Lieb auch heftet fleißig die Augen, / was bleibet aber stiften die Dichter«. In der Radikalität ihres poetischen Entwurfs, die jeder Abbildtheorie ihre Gefolgschaft verweigert, sind sie dem Autor des hohen Gesanges sehr verwandt.

Eich führte vor, wie die Evokation des ›reinen Gesanges‹ in elender Zeit eben durch diese gebrochen wird; Celan in seinem berühmten Gedicht »Tübingen, Jänner« radikalisiert noch einmal das von Eich formulierte Dichtungskonzept, das den Abbildcharakter lyrischen Sprechens negiert. Er problematisiert das lyrische Sprechen selbst. Seine Lyrik zeugt in immer stärkerem Maße von einer radikalen Sprachskepsis, der das poetische Wort selbst fragwürdig geworden ist, da es nicht über seine Konnotationen, seinen Bedeutungshof verfügt.

Mit einem Paradox hebt das Gedicht an: »zur Blindheit über-/redete Augen« – das erinnert an einen Topos der Mystik, die ihren Namen von griech. myein, d. i. ›das Augenschließen‹ herleitet, an das Augenschließen als Bedingung der Innenschau, als Voraussetzung, sich der göttlichen Offenbarung zu öffnen und sich seiner selbst gewiß zu werden, es läßt auch an den blinden, gleichwohl zur Weissagung begabten Seher der Antike denken, deutet an, daß die Augen, die sich den Reizen des Tageslichts, den Bilderfluchten der Außenwelt verschließen, sich tieferen Dimensionen öffnen. Sinnaufschließend das darauf unmittelbar und unvermittelt folgende Zitat, das Hölderlins ›Rheinhymne‹ entstammt und auf das Wesen der Dichtung verweist: Das »Reinentsprungene«, das dichterische Wort, das von allen Einsickerungen der Alltagssprache, den konkurrierenden Jargons, den ideologischen Zurichtungen frei wäre, bewahrt sein Rätselhaftes, entzieht sich fixierender Eindeutigkeit. Konsequent bricht Celans Gedicht mit der normierenden Grammatik, die eindeutige Sinnbezüge herzustellen sucht und der dem Rätsel konträren Logik verpflichtet ist. Doch auch auf der semantischen Ebene weist das lyrische Ich gewohnte Zuordnungen zurück, schafft so Vieldeutigkeit: »Ihre / Erinnerung an / schwimmende Hölderlintürme, mövenum- / schwirrt« läßt an Hölderlins lange währende letzte Lebensphase denken, die der geistig Umnachtete im Tübinger Turm am Neckar unter der Obhut eines Schreinerehepaares zubrachte. Aber der poetische Ausdruck geht in dieser biographischen Reminiszenz nicht auf. Der Plural und die Verflüssigung des Festen entstofflichen das Material, evozieren das Bild des ewigen Dichterasyls, das keine feste sichere Wohnstatt darstellt, zugleich jedoch die Offenheit von Entgrenzung, geistiges »panta rhei« bedeutet. Der Turm verliert in diesem Kontext sein Gemauertes, Statisches. Das reine poetische Wort, das sich nicht gemein macht mit der vernutzten Sprache prosaischer Kommunikation, zielt auf den radikalen Bruch mit geltenden logischen Sprachstrukturen, Übereinkünften in Grammatik und Semantik, es nähert sich als Folge der fortgeschrittenen »Bewußtseinsindustrie«, die auch die Sprache für ihre verschiedensten Zwecke zugerichtet hat, dem Lallen an.

»Pallaksch, Pallaksch«: Dieses Kunstwort, das in keinem Wörterbuch verzeichnet ist, stammt von dem umnachteten Hölderlin, der damit sowohl ein Ja als auch ein Nein – so ist überliefert – bekundete, die Gegenhaltung zum Dual-System im Zeichen von ›Bit‹, zur Basis der Informationstheorie.

Letztlich verkündet Celans Gedicht eine Poetologie des Schweigens, die die poetische Wahrheit jenseits der Worte sucht. Das Gedicht als Balanceakt zwischen Verschweigen und Reden spiegelt den Zweifel des lyrischen Subjekts an seiner poetischen Sprachmetaphysik, die die Kunst – im Sinne Nietzsches – als die eigentliche Sinn setzende Tätigkeit des Lebens begreift. Celans lyrische Hommage an Hölderlin bleibt der Idee des Hohen Gesangs, der sich reinhält auch von der sprachlichen Prosa der Verhältnisse, noch verpflichtet, doch er reflektiert – immanent im ästhetischen Arrangement des Gedichts – den geschichtlichen Ort des »heute«, der das autonome lyrische Wort immer mehr dem Schweigen annähert. Der Zweifel an der heutigen Sagbarkeit des »Reinentsprungenen« klingt im Schluß des Gedichts an, im Wortzwilling »Pallaksch«, der aus der Zeit von Hölderlins dichterischem Verstummen herbeizitiert wird.

Hans Magnus Enzensberger bezieht sich in seinem Gedicht *landessprache* aus dem gleichnamigen Gedichtband von 1960 auf Hölderlins *Gesang des Deutschen*; er teilt zwar mit Celan dessen Sprachskepsis, reflektiert die Macht der Bewußtseinsindustrie, die Allherrschaft der Jargons, doch er sucht mit der Autonomie des Gedichts zugleich sein kritisches Engagement zu formulieren, in Auseinandersetzung mit Hölderlins Vision eines »Landes der Liebe« sein zwiespältiges Verhältnis zu Deutschland auszuloten:

> deutschland, mein land, unheilig herz der völker,
> ziemlich verrufen, von fall zu fall,
> unter allen gewöhnlichen leuten:
>
> meine zwei länder und ich, wir sind geschiedene leute,
> und doch bin ich inständig hier,
> in asche und sack, und frage mich:
> was habe ich hier verloren?

Desillusionierung, Überdruß an »es geht aufwärts«-Parolen, Geschichtspessimismus prägen dieses Gedicht, sind überhaupt typisch für die Generation westdeutscher linker Intellektueller, die ihre Kindheit noch im Nazi-Deutschland erlebt haben und im Wirtschaftswunder-Deutschland aufgewachsen sind. Das gilt auch für Peter Rühmkorf, der in seinem Gedicht *Variation auf »Gesang des Deutschen« von Friedrich Hölderlin* voll satirischer Schärfe die biedermännische Behäbigkeit der ökonomisch erstarkten BRD attackiert.

Rühmkorfs Gegenentwurf zur Hölderlin-Ode repräsentiert ein Lyrikkonzept, das sich von der hermetischen Lyrik, von Celans Ideal einer poésie pure radikal unterscheidet. Sein Mißtrauen gilt nicht primär der ›vernutzten‹ Sprache, die das lyrische Sprechen selbst dem Risiko lügenhaften Geredes aussetzte, sondern der Ideologie einer Wohlstandsgesellschaft, die vollmundig ihre Magenphilosophie als neues Wertsystem anpreist. Parodistisch klingt Hölderlins hochgestimmter Odenton an; deutlich der Hölderlin-Sound mit seinen nachgestellten Appositionen, getragen feierlichen Attributen, archaisierenden Verbformen, kühnen Enjambements – und in scharfem Kontrast zum hohen Tone eines »Oh Vaterland«-Gesanges der prosaische Inhalt, der nicht vom »edelsten der Ströme«, vom »freigeborenen Rhein«, sondern vom Kursgewinn der »hundertprozentigen Rheinstahltochter« kündet. Das Gedicht greift Hölderlins Gedanken vom Vaterland auf, vom zukünftigen Land schöner Humanität, in dem der Dichter Heimstatt fände – »Bin ich der deine schon« –, und verkehrt in schneidender Satire den Sinn dieser wünschenden, zukunftsfrohen Hoffnungsworte: »Bin ich der deine schon«, das bedeutet in diesem Kontext, bin ich auch schon so wohlstandskorrumpiert, so der herrschenden Konsum-Ideologie hörig, Genießer chromblitzenden Wirtschaftsaufschwungs, daß ich deinen Machtsymbolen kritiklos ergeben bin. Die Zukunftshoffnung der ersten Zeile »Wie der Phönix aus den Scherben, oh Vaterland«, die einen rühmlichen Neubeginn hoffen läßt, wird durch das Gedicht im ganzen gründlich demontiert. Hölderlins Vision eines »Landes der Liebe«, in dem Minervas Geist regierte, erscheint dem Späteren, der auf die Geschichte dieses Deutschlands mit dem Adler als Wappentier zurückblickt, nur noch als schönes Trugbild. Der verloren gegebene gräulich geviertelte Aar, das von den Siegermächten in vier Zonen aufgeteilte Deutschland, hat sich sehr schnell wieder erhoben, »auf der Höhe schon deines alten Gewichts« zeigt dieser Adler, »den Tauben gleich an Kropf und Krallen«, auftrumpfend seine Stärke, die er als Friedenssicherung ausgibt. Bezeichnend der Vergleich mit der Taube als dem Symbol des Friedens und die Nennung der Attribute »Kropf und Krallen«, die Gefräßigkeit und Aggressivität bedeuten. Der Adler hat die Taube nach seinem Bild geformt und stellt sein Wesen als das der Taube dar.

Rühmkorf thematisiert bundesrepublikanische Verhältnisse, er blendet, anders als Enzensberger, das eine Viertel des gräulich geviertelten Aars – die DDR – aus. Sein Gedicht prangert eine behäbig saturierte, konsumhörige Gesellschaft an, die aus den »Scherben« nichts gelernt hat, vielmehr in Hölderlinscher Formulierung »ein neu Gebild sinnet«, das jedoch nichts von dem Geist Hölderlinscher Utopie atmet, sondern sich einzig dem goldenen Mammon verschrieben hat:

> Noch schwillst du an von unterdrücktem Krieg,
> sinnest ein neu Gebild, das von dir zeuge,
> das, einzig wie du selbst, das aus
> Stroh geschaffen, goldene Körner treibt.

Und die Frage aus Hölderlins *Gesang des Deutschen* aufgreifend – in ironischer Verkehrung –, variiert der Nachkriegsdeutsche Hölderlins Nachsinnen über die Aufgabe der Dichter:

> Wo sind nun Dichter, die ein neu Gemythe
> auftuen diesem blauen Schlaraffenblick?
> Tausendgut – Güldenfett – Rosenschleck –
> Eselein deck dich, Deutschland, käufliche Mutter.

Die Rede ist nicht mehr von den Dichtern, die sich ihres hohen Auftrags vergewissern, sondern von Handlangern der Macht, die das materialistische Denken poetisch vergolden. Bitterböse der Ton, aggressiv und polemisch die Haltung, symptomatisch die Anspielung auf die Schlächter aus Shakespeares Hamlet im Zusammenhang der Genuß- und Konsummetaphorik. »Deutschland, käufliche Mutter« – das Schlüsselwort des Gedichts, das Hölderlins Hoffnung auf ein Land der Liebe völlig konterkariert. Dennoch, auch Rühmkorf polemisiert nicht gegen Hölderlin und seine Vision eines Deutschlands schöner Humanität, sondern er prangert ein Wirtschaftswunder-Deutschland an, das seine Kriegshypotheken allzu schnell vergessen hat und sein Selbstbewußtsein aus seiner ökonomischen Prosperität allein bezieht. Dem nachgeborenen Dichter, dem die jüngste Geschichte dieses Deutschlands gegenwärtig ist, muß Hölderlins hoffnungsfroher Gesang des Deutschen als schöne Illusion erscheinen, die durch den Verlauf der Geschichte gründlich zerstört wurde. Rühmkorfs wort- und metapherngewaltige lyrische Sprache, die aus dem historischen Fundus von Mythos, Märchen, Sprichwort, Literatur, Bibel und Gegenwartsjargon neue überraschende Bildfigurationen entwickelt, stellt ein Gegenkonzept zu Celans sprachskeptizistischer poésie pure dar, doch in seinem souveränen spielerisch artistischen Umgang mit dem Sprachmaterial behauptet auch er die ästhetische Autonomie des Gedichts gegenüber der allmächtigen Prosa der Verhältnisse.

Einen anderen Akzent setzen die Lyriker in der DDR, die jedoch keineswegs – so wenig wie die bundesrepublikanischen – eine gemeinsame Poetik entwickeln. Karl Mickel in seiner *Friedensfeier* mit ihrer optimistischen Vision einer friedlichen, genußfreudigen Gesellschaft erscheint geradezu als Antipode zu Erich Arendt, der in *Odysseus Heimkehr* das »Gedächtnis des Todes« beschwört, das den Überlebenden – als ein »Herz, mein Narbenbau« – peinigt. So unterschiedlich der intellektuelle Gestus, so unterschiedlich die lyrische Sprache. Auch wenn DDR-Autoren wie Arendt, Huchel oder Bobrowski nicht – wie Celan – an der ›vernutzten‹ Sprache verzweifeln, die der Poesie ihre ›Reinheit‹ verwehrt, sie sind einem Lyrikverständnis verpflichtet, das an die Tradition der Moderne – eines Baudelaire, Mallarmé

oder Valéry – anknüpft und sich allen Widerspiegelungstheoremen widersetzt. Ihr gesellschaftspolitisches kritisches
Potential liegt gerade in dieser Ästhetik der Verweigerung,
die gegen die funktionale Kommunikationssprache eine poetische Kunstsprache schafft. Sie sind Eich, Celan, Meister
verwandter als etwa Becher, Maurer, Mickel oder Braun. Sie
evozieren die Dichterpersönlichkeit Hölderlin, dessen zerrissene Existenz, die den dunklen Grund seiner hochge-
stimmten idealischen Dichtung bildet. Sie beziehen sich auf
den auch in der DDR gefeierten Repräsentanten des ›klassischen Erbes‹, der zu seiner Zeit Außenseiter blieb und dessen Werk sich leichterer Verständlichkeit, gesellschaftlichen
Nützlichkeitsansprüchen entzog. Damit behaupteten sie gegen die einengenden Postulate eines sozialistischen Realismus, der die Kunst, die Literatur in den Dienst spannen
sollte, deren Freiheit und Autonomie. Peter Huchel erinnert in dem Gedicht gleichen Titels an eben den Garten
des Theophrast, der – wie das Hölderlinsche *Eigentum* –
sein dichterisches Asyl darstellt, das durch eine rigide
(Anti-)Kulturpolitik bedroht wurde. Für Lyriker wie Peter
Huchel, Erich Arendt, Johannes Bobrowski oder Heinz
Czechowski, deren poetisches Selbstverständnis einem
Holzschnittrealismus fernstand, galt Hölderlin als Wahlver-
wandter, den sie verehrten und auf dessen offiziell aner-
kanntes Erbe sie sich wie auf einen Schutzschild bezogen.
Dieser Legitimation eines anerkannten Klassikers bedurften
die bundesrepublikanischen Lyriker für ihr Postulat poetischer Autonomie nicht. Im Gegenteil, die widerspruchslose,
wohlwollende Rezeption dieser Lyrik im Zeichen antimime-
tischer Kunstsprache weckte in den späten sechziger Jahren,
verstärkt jedoch in den siebziger Jahren, das Mißtrauen und
den Protest vieler Autoren gegen eine hermetische Lyrik,
die gegen die widrige Realität ihre poetische Eigenwelt setz-
te. Während sich die Autoren in der DDR als lyrisches *Subjekt* artikulierten und sich dem gesellschaftlichen Auftrag
politischer Lehre entzogen, wuchs in der Bundesrepublik
die Kritik an einer Lyrik im ›elfenbeinernen Turm‹. Es ent-

stand eine politisch engagierte Lyrik, die sich bewußt plakativ, prosaisch, unpoetisch zeigte.

Czechowskis Gedicht *Hölderlin* von 1962 liest sich zunächst mehr als einfühlsame Hommage auf den Dichter denn als Selbstbesinnung auf die eigene lyrische Produktion. Das Gedicht aus *Nachmittag eines Liebespaares* zitiert Bilder, Sprachbilder Hölderlinscher Lyrik und fügt sie zu einer poetischen Landschaftsvision zusammen, in der zugleich das Visionäre seines dichterischen Selbstverständnisses aufscheint: »selbst im Verfall noch hatte er schöne Visionen«. Fern ist jeder Aufbauoptimismus, jeder Hinweis auf ein gesellschaftliches Morgenrot. Naturbilder schaffen eine poetische Landschaft, die zugleich als Ort der Poesie erscheint. »Die schattigen Zweige seiner unsterblichen Verse« – Poesie als Zufluchtsort, das klingt auch hier an, und die »schönen Visionen« entspringen nicht einer gesellschaftlich konkreten Perspektive, sondern sie widerstehen gerade dem Verfall. Immanent im lyrischen Arrangement behauptet das Ich in dieser Hommage an Hölderlin seine ästhetische Autonomie, die sich jedem Widerspiegelungspostulat entzieht. In einem späteren Gedicht Czechowskis mit dem sprechenden Titel *Gelegentlich Hölderlins* von 1970, das auf die Gedenkfeiern zu Hölderlins 200. Geburtstag anspielt, radikalisiert sich die poetische Eigenlogik, die Kluft zwischen poetischem Sprechen und Alltagsbegriffen. Programmatisch die Verse: »So ist alles ein Tasten / Auch das Begriffne / Ist flüchtig (mit Rosen / hänget das Land in den See).« Das Zitat aus *Hälfte des Lebens*, Vermischung, Verflüssigung, schönes Zusammenspiel des Getrennten andeutend, widersetzt sich zugleich wieder dieser fixierenden Deutung durch den Logos.

Auch Johannes Bobrowski in seinem 1961 entstandenen Gedicht *Hölderlin in Tübingen* zitiert Bildfragmente aus Hölderlins Oden *Der Neckar* und *Hälfte des Lebens*, setzt sie in Beziehung zu Hölderlins Existenz seiner letzten Jahrzehnte im Turm und formuliert eine Impression von Hölderlinscher Poesie und Existenzgefährdung.

Das Eingangsbild um Bäume, Licht und Kahn entwirft die Vision schöner Harmonie zwischen der Sphäre »Bäume, irdisch«, die für die konkrete, in der Geschichte, in der Gesellschaft wurzelnde Existenz steht, und der Sphäre »Licht«, die auf ein Absolutes, Metaphysisches verweist. Doch der »Schatten« in der zweiten Sequenz – man denkt an Hölderlins schattenhafte Existenz in seinem Turm am Neckar – trübt die Vision ein. Hölderlins Neckar »mit seinen / lieblichen Wiesen und Uferweiden« ist nur noch Erinnerungsbild; an sein »Grün«, die Lebensfarbe für Bobrowski, wird nur im Tempus der Vergangenheit erinnert. Die dritte Sequenz schließlich evoziert gegen die Schwere der mühseligen Existenz, gegen die Unwirtlichkeit eines Kerkerturms die Hoffnung auf einen Turm, der bewohnbar wäre wie der Tag. Das Glockenläuten läßt an christliche Botschaft denken, doch es kündet kaum von zukunftsfroher Heilsgewißheit. Hölderlins elegisches Winterbild eisiger Erstarrung aus *Hälfte des Lebens*: »Die Mauern stehn / Sprachlos und kalt, im Winde klirren die Fahnen« tönt in den Schlußversen an, jedoch ins vorsichtig Hoffnungsvolle gewendet: »Die Uhr / rührt sich zum Drehn / der eisernen Fahnen.«

Die Zeit erscheint als zukunftsoffene Kraft, die die widerständige Schwere der Verhältnisse, die in Ideologie und Bürokratie erstarrte Gesellschaft – wenn auch mühsam – in Bewegung setzt. Eine Hoffnung, der Resignation und dem Leiden an den Verhältnissen abgerungen!

Volker Brauns Gedicht *An Friedrich Hölderlin* aus einem Band mit dem programmatischen Titel *Gegen die symmetrische Welt* – auch der ein Hölderlin-Zitat – ist weniger von dem Gestus sympathetischer Einstimmung als von dem des Diskurses geprägt. Er bezieht sich auf Hölderlins Verse aus *Mein Eigentum* »Sei du, Gesang, mein freundlich Asyl«, auf dessen Hoffnung, daß auch der Dichter, dem die eingrenzende Geborgenheit der geschäftigen Winzer, dem ›Bodenständigkeit‹ versagt ist, Heimstatt, Asyl finde in seiner poetischen Kreativität. Das lyrische Ich tritt in einen Dialog ein, reflektiert den geschichtlichen Zeitabstand, und Hölderlin zitierend, artikuliert es zugleich seine Sicht des Nachgeborenen, der in anderen gesellschaftlichen Verhältnissen lebt und Hölderlins Frage nach der Rolle des Schriftstellers neu für sich beantwortet. Die metaphorische Bedeutung von *Mein Eigentum* wird im Sinne politischer Ökonomie ausgelegt, zugleich schwingt die metaphorische Bedeutung ›Gesang‹/›Dichtung‹ mit; es ist »volkseigen«, nicht Bildungsprivileg weniger, sondern allen Bürgern übereignet. Optimistisch die Vorstellung einer Lyrik, die alle Klassen und Bildungsschranken überwindet, einer Lyrik, die sich hoffnungsfroh als Gegenbild einer »symmetrischen Welt« versteht, einer zwar notwendigen, aber die Individuen beschränkenden Staatsordnung. Braun spielt auf einen Brief Hölderlins an den Bruder vom 1. Januar 1799 an, in dem es heißt: »Nicht wahr, Lieber, so eine Panazee [mit diesem ›Allheilmittel‹ meint er die Poesie] könnten die Deutschen wohl brauchen, auch nach der politisch-philosophischen Kur; denn alles andre abgerechnet, so hat die philosophisch-politische Bildung schon in sich selbst die Inkonvenienz, daß sie zwar die Menschen zu den wesentlichen, unumgänglich notwendigen Verhältnissen, zu Pflicht und Recht zusammenknüpft, aber wie viel ist dann zur Menschenharmonie noch übrig; [...] Aber die Besten unter den Deutschen meinen meist noch immer, wenn nur erst die Welt hübsch *symmetrisch* wäre, so wäre alles geschehen.«

Die politisch-philosophische Bildung, die Staatsrecht und Bürgerpflicht begründet, vermag keine Welt der Menschenharmonie zu entwerfen, in der die Individuen sich frei entfalteten in einem »Land der Liebe«, wie Hölderlins Ode *Gesang des Deutschen* es beschwor.

Für den Lyriker Braun ist Hölderlins Hoffnung in der sozialistischen Gesellschaft inzwischen »gesiedelt«, doch keineswegs eingelöst. In den Fragen der zweiten Sequenz verbirgt sich Kritik an den bestehenden Verhältnissen. Das Diktum der 1. Strophe – vom Eigentum, das nun volkseigen wäre – erscheint in der Frage nach den Nutznießern dieses fruchtbar gemachten Feldes – Hölderlins Werk – nur allzu vollmundig, vorschnell. Die Anspielung auf den treuen Heinrich aus dem Froschkönig-Märchen, dem das Weh um das Los seines Prinzen sich mit eisernen Reifen um die Brust legte, verweist auf die Sorge des lyrischen Subjekts um sein Land, das nur allzusehr von Strukturen dieser symmetrischen Welt geprägt ist. Das Gedicht spricht Zukunftshoffnung aus, und dennoch ist es mit Bildern der Einengung, des Zwangs, ja der Erstickung durchsetzt. Denn das Schlußbild der Hoffnung »und / Brust an Brust weitet sich so, sie aufsprengt diese / eiserne / Scheu voreinander!« denunziert zugleich die bestehende Realität im Zeichen einer ›Staatssicherheit‹, die eine Welt der Angst und des Mißtrauens produziert hat. So optimistisch der Beginn, so zukunftsoffen der Schluß; verhüllt in seiner Zukunftshoffnung spricht das Gedicht doch gerade das Leiden des Subjekts am Ist-Zustand seines Landes aus. Der Nachgeborene ist Hölderlin näher, als es zunächst schien. Hölderlins Hoffnung auf eine »Welt der Menschenharmonie«, ein »Land der Liebe« bleibt Option des lyrischen Subjekts. In seiner poetischen Vision, die die einengenden Verhältnisse nur ex negativo im freundlichen Zukunftsbild anklagt, ist er Hölderlin verwandt. Mag auch anders als bei Hölderlin das Wissen um eine rigide Zensur das lyrische Verfahren einer ›ex negativo-Kritik‹ geprägt haben, bestimmend ist doch der Glaube an die Zukunft des Sozialismus, der die besseren Voraussetzungen für die Schaffung einer freundlichen Menschengemeinschaft birgt.

Im Horizont der jüngsten Geschichte erscheint diese Botschaft problematisch, stellt sich die Frage, ob Volker Braun sich nicht trotz all seiner Kritik an den bestehenden Verhältnissen diskreditiert, er zuviel Loyalität gezeigt hat, da er an der Reformierbarkeit dieses Gemeinwesens festhielt. Das Gedicht stellt immanent ein Bekenntnis zu einem sozialistischen Ideal dar, das Veränderungen einklagt, Defizite der gesellschaftlichen Wirklichkeit sichtbar macht. Daß dieser sozialistische Staat sich in vieler Hinsicht als Perversion menschenfreundlicher Sozialutopie entlarvte, verurteilt nicht einen Autor, widerlegt nicht schon dessen Utopie einer sozial gerechten Gesellschaft. Hier scheint ein Moment der Tragik auf, das auch Hölderlin betrifft. Dessen *Gesang des Deutschen*, der ein zukünftiges Deutschland als Land der Liebe ansprach, ist auch durch die Geschichte als Illusion entlarvt worden. Ähnlich wie Hölderlin spricht auch Volker Braun in seinem Gedicht die Hoffnung aus, daß sein Land einmal zu einem Land der Liebe werde, in dem die Menschen frei atmeten, sie diese eiserne Scheu voreinander aufsprengten. Heute, zu Beginn der 90er Jahre in einem geeinten entzweiten Deutschland, gewinnen diese Zeilen eine neue zukunftsweisende Bedeutung. Hölderlin in seinem Entwurf einer »Menschenharmonie«, in seinem idealischen dichterischen Selbstverständnis, das er gegen die Misere seiner eingeschränkten bürgerlichen Existenz behauptete, wurde vielen DDR-Lyrikern – in anderer Weise als den westdeutschen – zur Identifikationsfigur, in der sie ihre eigene problematische Situation gespiegelt sahen. Gerade sein radikaler Anspruch an die Zukunft und die eigene zerrissene Existenz, seine ›Unbehaustheit‹, die ihn im »Gesang« allein ein freundlich Asyl suchen ließ, der Widerspruch von schöpferischer Individualität und verharrender, abweisender Gesellschaft, erregten ihre Sympathie.

Lyrik-Ausgaben

IN RECLAMS UNIVERSAL-BIBLIOTHEK

Deutsche Literatur · Eine Auswahl

Anthologien

Philipp Reclam jun. Stuttgart

Reclam
LESEBUCH

Gebundene Ausgaben mit
farbiger Einbandgestaltung

Heiteres Darüberstehen
Geschichten und Gedichte zum Vergnügen
Zusammengestellt von Stephan Koranyi
Mit Vignetten von Gustav Klimt

Liebe, Liebe, Liebe
Geschichten, Gedichte und Gedanken
Zusammengestellt von Stephan Koranyi
Illustriert von Werner Rüb

Die vier Jahreszeiten
Gedichte
Herausgegeben von Eckart Kleßmann

Goethe-Brevier
Herausgegeben von Johannes John

Fontane-Brevier
Herausgegeben von Bettina Plett

Nietzsche-Brevier
Herausgegeben von Kurt Flasch

Reclams Märchenbuch
Herausgegeben von Lisa Paulsen
Mit Illustrationen von Werner Rüb

Blumen
auf den Weg gestreut
Gedichte
Herausgegeben von Heinke Wunderlich
Mit 16 Farbabbildungen

Adieu, Alltag!
Feriengeschichten
Herausgegeben von Silvia Friedrich-Rust
und Michael Müller

Die Wundertüte
Alte und neue Gedichte für Kinder
Herausgegeben von Heinz-Jürgen Kliewer
Mit Illustrationen

Der Zauberkasten
Alte und neue Geschichten für Kinder
Herausgegeben von Heinz-Jürgen Kliewer
und Ursula Kliewer

Das Nonsens-Buch
Herausgegeben von Peter Köhler
Mit 48 Abbildungen

Poetische Scherzartikel
Herausgegeben von Peter Köhler

Trinkpoesie
Gedichte aus aller Welt
Herausgegeben von Mark Bannach
und Martin Demmler
Mit Illustrationen von Hanns Lohrer

Arthur Conan Doyle:
Die Abenteuer des Sherlock Holmes

Aus dem Englischen neu übersetzt,
mit einem Nachwort von Klaus Degering
Mit 11 Abbildungen

Casanova:
Aus meinem Leben

Aus dem Französischen übersetzt von
Heinz von Sauter, Auswahl und Nachwort
von Roger Willemsen

Geschichten aus Rußland

Herausgegeben von Christian Graf

Gespenster-Geschichten

Herausgegeben von Dietrich Weber

Die Weisheit der Heiligen
Ein Brevier

Herausgegeben von Johanna Lanczkowski

Reclams Weihnachtsbuch
Erzählungen, Lieder, Gedichte, Briefe,
Betrachtungen

Herausgegeben von Stephan Koranyi
Mit Illustrationen von Birgit Lukowski

Philipp Reclam jun.
Stuttgart